D1693655

Michael Schwarzmann

Gäste verwöhnen wie ein Profi
Rezepte | Menüplanung | Einkaufslisten | Tischdekoration

Widmung

Meiner lieben „Mam" möchte ich dieses Buch
widmen, denn sie hat mich auf den guten
Geschmack gebracht!

Außerdem widme ich es den lieben Menschen,
die mir viel Kraft und Liebe gegeben haben.

Danke, Andrea!

MICHAEL SCHWARZMANN

GÄSTE VERWÖHNEN WIE EIN PROFI

REZEPTE

MENÜPLANUNG

EINKAUFSLISTEN

TISCHDEKORATION

Mit Fotos von Anna-Maria Muchitsch

Pichler Verlag

Inhaltsverzeichnis

»Kochen ist eine Kunst, und eine gar edle!«
Henriette Davis

Vorwort

Allein die Vorfreude, zu wissen, dass wir mit lieben Freunden einen gemütlichen, kulinarischen Abend verbringen werden, entflammt pure Lebensfreude! Sich Zeit für den Genuss und zur Schärfung der Sinneswahrnehmung zu nehmen, darüber nachzudenken, warum Gewürze, Kräuter, Fisch, Fleisch und Gemüse mit dem richtigen Wein eine Symbiose eingehen können, bestätigt, dass wir das Leben respektieren und genießen dürfen!

Immer wieder habe ich bei Workshops zum Dinner Coaching erlebt, dass sich die TeilnehmerInnen selbst viel zu wenig zugetraut haben. Und genau diese Ängste möchte ich Ihnen mit diesem Buch nehmen. Sie werden sehen: Je besser Sie sich auf Ihr festliches Dinner vorbereiten, desto einfacher wird es ablaufen. In diesem Buch werden wir über alles nachdenken und die Basis für einen mehr als gelungenen Abend legen. Wir werden nichts dem Zufall überlassen und alle Punkte, die zu berücksichtigen sind, einbauen.

Das Thema werden wir in zwei systematisch aufbereiteten Teilen bearbeiten, einem theoretischen und einem praktischen. Die gesamte Planung und Vorbereitung, von der Einladung bis zur Verabschiedung, werden wir durchdenken und mit vielen einfachen Tricks und Tipps gemeinsam entwickeln. Denn unsere Gäste sollen mit einem mehrgängigen Menü überrascht und kulinarisch verwöhnt werden. Und auch für Sie soll genügend Zeit zum Essen und für den Small Talk vorhanden sein.

Die Informationen, die ich Ihnen in diesem Buch anbiete, sind aus Traditionen und Erfahrungen gewachsen. Sie kommen aus der Hotelfachschule und einigen der besten internationalen Hotels und Restaurants. All dies wird auf der Basis meiner Professionalität in diesem Buch zusammengefasst, das Anfänger und auch Fortgeschrittene auf eine höhere Ebene bringen soll. Damit Sie die verschiedenen Abläufe in diesem Buch im Zusammenhang verstehen und schlussendlich zusammenführen können, empfehle ich Ihnen, die Kapitel in der vorgegebenen Reihenfolge zu lesen.

Bei manchen Kursen, die ich zu diesem Thema abhielt, wurde ich gefragt, ob alles genau so wie vorgegeben gemacht werden muss. Dazu möchte ich Ihnen natürlich sagen, dass Sie sich die Punkte herausnehmen sollten, die Sie vertreten wollen und können und die Ihnen Spaß machen. Denn alles im Leben ist Betrachtungssache – Sie allein werden entscheiden, welche Punkte Sie umsetzen möchten.

Wie immer Sie an Ihr Vorhaben herangehen: Lassen Sie sich nicht unter Druck setzen! Haben Sie Freude und Spaß bei Ihren Vorbereitungen! Seien Sie einfach gerne Gastgeber! Genießen Sie es! Das Wichtigste, das Sie mitbringen müssen, sind der Wille und die Freude, es zu tun – dann wird es auch gelingen. Sie werden selbst überrascht sein, was alles in Ihnen steckt ...

Also – viel Freude beim Lesen und „Gastgebern"!

Michael Schwarzmann

Teil eins

Wie plane ich ein festliches Dinner?

— Die Theorie

»Eine gute Küche ist das Fundament allen Glücks!«
Auguste Escoffier

Die Küche

**Was sind die Mindest-
voraussetzungen für Ihr
festliches Dinner?**

V or allem benötigen Sie selbstverständlich einen passenden Ort,
also in den meisten Fällen eine Wohnung, mit einer Küche
und einem Esstisch. Es versteht sich von selbst, dass die Größe des
Tisches und die Anzahl der Stühle der Anzahl der Gäste entsprechen
müssen. Außerdem sollten Sie über einen Herd mit vier Feldern, einen
Backofen, eine Arbeitsfläche von mindestens 1,60 x 0,60 m sowie
einen [geräumigen] Kühlschrank [mit Tiefkühlfach] verfügen.
Natürlich sind weitere Hilfsmittel wie Tellerwärmer, Dampfgarer oder
Combi-Dampfgarer, Mikrowelle [auch zum Tellerwärmen], Abstell-
flächen und eine Speisekammer oder ein kühler Keller von Vorteil.
Sie sind zwar nicht zwingend notwendig, erleichtern jedoch die
Arbeitsabläufe, verhindern so Stress und sollten in Haushalten nicht
fehlen, in denen viel gekocht wird. In der kalten Jahreszeit können
Sie ja die natürliche Kälte mit berücksichtigen, Weine auf den Balkon
oder vor das Fenster stellen etc. Im Sommer dagegen müssen Sie sich
Gedanken machen, nur das Notwendigste zu kühlen.

Ihre Ausstattung sollte sich nach Ihren Bedürfnissen und Ihren
Vorhaben richten. Wenn Sie öfter, viel und für mehrere Personen
kochen, ist eine gut ausgewählte Geräteanzahl sicherlich von Vorteil.
In einer minimal ausgestatteten Küche müssen Sie berücksichtigen,
dass die Möglichkeiten beschränkt sind, zum Beispiel im Hinblick auf
die Anzahl der Gäste, der Gänge und der Zubereitungsarten.
Wenn Sie mit dem Know-how dieses Buches an Ihr Dinner herangehen, werden Sie jedoch sehen, dass Sie auch in einer kleinen Küche
zaubern können.

Eine neue Küche?

Heute ist das Kochen in Gesellschaft eigentlich erwünscht; es ist „Gott sei Dank" vorbei, dass der Gastgeber und Koch hinter einer Tür verschwindet. Eine offene Küche, eine Kochinsel, so dass der Koch sich auch noch mit den Gästen unterhalten kann, sind sehr kommunikativ. Küche und Essbereich sind ja eigentlich das Herz jedes Hauses, jeder Wohnung – in der Früh, zu Mittag und auch am Abend.
Sollten Sie die Möglichkeit haben, eine Küche zu planen oder neue Geräte anzuschaffen, dann möchte ich Ihnen Folgendes ans Herz legen: So modern und so schön eine Designerküche auch aussehen mag – bitte vergessen Sie nicht, dass sie zweckmäßig sein soll! Wenn Sie wirklich gerne kochen, sind eine gut eingerichtete Küche und zweckmäßiges Equipment eine große Erleichterung. Natürlich ist die Anzahl der zu bekochenden Personen auch ausschlaggebend.

Nicht immer können Sie sich die Räumlichkeiten der Küche aussuchen. Versuchen Sie, die Form und die Arbeitsflächen sowie die Geräte wirklich zweckmäßig anzulegen. Sofern nicht die gesamte Arbeitsfläche aus Stein besteht, ist eine ohne Erhebungen eingebaute Steinplatte neben dem Herd nicht nur zum Abstellen von heißen Pfannen und Töpfen von Vorteil, sondern auch zum Teigkneten und bei der Zubereitung von Süßspeisen. Ihre Reinigung geht schnell und leicht. Ausreichende Abstellflächen neben oder in unmittelbarer Nähe der Geräte sind ebenfalls äußerst hilfreich! Nehmen Sie sich Zeit und lassen Sie sich gut beraten! Wenn alles übersichtlich, zugänglich und relativ nahe beieinander ist, werden Sie an Ihrer Küche lange Zeit Freude haben.

www.mamorfast.at

Die Auswahl der Geräte

Heutzutage werden Küchengeräte immer „intelligenter". Nicht nur, dass sie sich selbst reinigen können, Fehler aufzeichnen und anzeigen. Sie können auch über das Stromnetz miteinander kommunizieren; über das Display des Backofens etwa können Sie die Daten anderer Geräte abrufen und koordinieren, wenn Sie diese ohne sichtbare Bedienblende einbauen möchten. Die wichtigsten Geräte sind Kochfeld, Backofen, Dampfgarer, Combi-Dampfgarer, Kühlschrank, Getränkekühlschrank, Tellerwärmer, Geschirrspülmaschine und Dunstabzugshaube. Diese lassen sich optisch gut einbauen, erleichtern die Arbeit und verbessern somit Ihre Lebensqualität. Sie sollten sie mit Bedacht auswählen. Die hier vorgestellten Geräte wurden von der Firma Miele entwickelt.

Multifunktionale Küchen-maschinen, Mixer, Stabmixer

Durch die Anschaffung einer multifunktionalen Küchenmaschine ersparen Sie sich einige andere Geräte. Beachten Sie, dass Mixaufsätze, Kleinschneider, Knethaken, Rührschüsseln, Faschier- und Schneideaufsätze dabei sind, dass Sie für diese Dinge aber auch Platz benötigen. Ein Mixer und ein Stabmixer, sofern nicht in einem Gerät kombiniert, gehören unbedingt in die Küche.

Mehr über „Miele@home!" unter
www.miele-at-home.de/de/haushalt/produkte/180.htm

Backofen

Auch bei den Backöfen machen die neuen Techniken das Arbeiten in der Küche einfacher. Verschiedene Hitzequellen und Einstellungen mit und ohne Wasser [Klimagaren] ermöglichen tolle Ergebnisse. Betriebsart und Temperatur werden nun über Eingabefelder und nicht, wie früher üblich, über Drehknebel ausgewählt. Durch PerfectClean oder Klimagartechnik mit Pyrolyse kann die Reinigung selbständig erfolgen. Es gibt diese Backöfen auch in Übergrößen mit einer Breite von 90 cm.

Getränkekühlschrank

Ob in eine Küchenzeile eingebaut oder als separates Gerät – ein Wein-
kühlschrank ist ein schönes Küchenelement, das in verschiedenen Kühl-
zonen die Getränke auf deren spezifische Idealtemperatur kühlt. So haben
Sie mehr Platz im Lebensmittel-Kühlschrank, sparen Zeit und Wege und
bewahren den Überblick über Ihre richtig gekühlten Getränkevorräte.

Kühlschrank

Moderne Kühlschränke sind mitt-
lerweile so konzipiert, dass sie die
unterschiedlichen Lebensmittel
wie Gemüse, Obst, Fisch oder
Fleisch jeweils unterschiedlich
aufbewahren; für alle Produkte
gibt es die ideale Temperatur
in der eigenen Zone. Dadurch
erhöht sich ihre Haltbarkeit. Es
gibt sogar Kühlschränke mit einer
Extra-Vorrichtung für gekühltes
Trinkwasser oder mit eingebauter
Kaffeemaschine.

Geschirrspülmaschine

Die aktuellen Geschirrspüler sind sehr ökonomisch und schnell. Es ist
natürlich außerordentlich hilfreich bei einem „Gala-Abend" zu Hause,
wenn innerhalb weniger Minuten das Geschirr gespült werden kann.
Platz und Zeit werden gespart, und das Geschirr kann rasch und sauber in die Schränke retourniert oder wieder verwendet werden.

Dampfgarer

Das Dampfgaren stammt ursprünglich aus Asien und ist in den vergangenen Jahren zu einem wichtigen Trend in der Küche geworden. Für viele Lebensmittel ist es, wissenschaftlich erwiesen, die gesündeste Zubereitungsart. Besonders Gemüse behält im Dampfbad seine Vitamine und Mineralien wesentlich mehr als beim Kochen. Außerdem sind die Speisen geschmacksintensiv und behalten ihre natürliche Farbe. Da der Garvorgang nicht beaufsichtigt werden muss, können Sie währenddessen andere Dinge erledigen. Die Reinigung der Edelstahl-Garbehälter ist sehr einfach. Dampfgarer eignen sich außerdem gut zum Blanchieren und Einkochen.

Tellerwärmer

Warme Teller sind beim Anrichten eine große Hilfe. Auch die Speisen selbst können in diesem Gerät warm gehalten werden, ja mit der Niedertemperaturmethode sogar gegart werden; die Umluft ermöglicht eine gleichmäßige Zirkulation, und die Temperatur kann bis 85 °C geregelt werden. Wenn Sie viel kochen, ist ein Tellerwärmer unbedingt empfehlenswert. Auch eine Mikrowelle kann u.a. zum Tellerwärmen sehr praktisch sein. In diesem Buch finden Sie jedoch keine anderen Anwendungsbeispiele für die Mikrowelle.

Combi-Dampfgarer

Diese Geräte enthalten sowohl einen Backofen als auch einen
Dampfgarer und sind aus einer modernen Profi-Küche nicht mehr
wegzudenken. In ihnen können Sie auch fertige Gerichte wieder
erwärmen. Falls Sie ein „Vielkocher" sind, empfehle ich Ihnen einen
Backofen und einen Combi-Dampfgarer – dann können Sie wie im
Restaurant arbeiten.

Dunstabzugshaube

Bei Dunstabzugshauben von Miele mit der Automatikfunktion
„Con@ctivity" werden Informationen vom Kochfeld direkt an die
Steuerung der Dunstabzugshaube übertragen, so dass sich die Haube
beim Kochen automatisch ein- oder ausschaltet, da sie die Tätigkeit
am Herd erkennt. Auch die Beleuchtung und vieles mehr kann integriert werden. Sie müssen sich nun nicht mehr um das Raumklima
kümmern, sondern können sich auf die Zubereitung der Speisen
konzentrieren. Durch die Kommunikationsfähigkeit der Geräte entstehen viele neue Möglichkeiten im Bereich des Energie- und Lasten-
managements, und auch der Internetanschluss wird in der Küche eine
immer größere Rolle spielen.

Kochfeld

Ein Induktionskochfeld ist wegen der extrem kurzen Ankochzeiten
und der präzisen Leistungsregulierung die beste Wahl. Da die
Glaskeramikfläche vergleichsweise kühl bleibt, kann Übergekochtes
nicht anbrennen. Die Mehrkosten bei der Anschaffung werden
durch die Energieersparnis um bis zu 70 Prozent in kurzer Zeit aus-
geglichen. Höchstleistung bei niedrigem Energieverbrauch – erreicht
wird das durch eine Miele-Neuentwicklung, den TwinBooster. Dieser
ermöglicht, dass die Kochzone die Größe des Kochgeschirrs möglichst
exakt erkennt und die eingesetzte Energie optimal und ohne Verlust
in Hitze umgewandelt werden kann. Achten Sie darauf, dass die Tech-
nik für Sie einfach zu bedienen ist!

Trüffelhobel

Fischentschupper

Spitzsieb

Schaumlöffel

Kerntemperaturmesser

Küchenequipment

Beim Aussuchen Ihrer Küchenhilfsmittel sollten Sie nicht
ausschließlich auf die Geldbörse
achten, denn bei richtiger Pflege
hält ein Großteil der Produkte ein
Leben lang. Nehmen Sie sich Zeit
beim Aussuchen, und lassen Sie
sich im Fachhandel gut beraten!

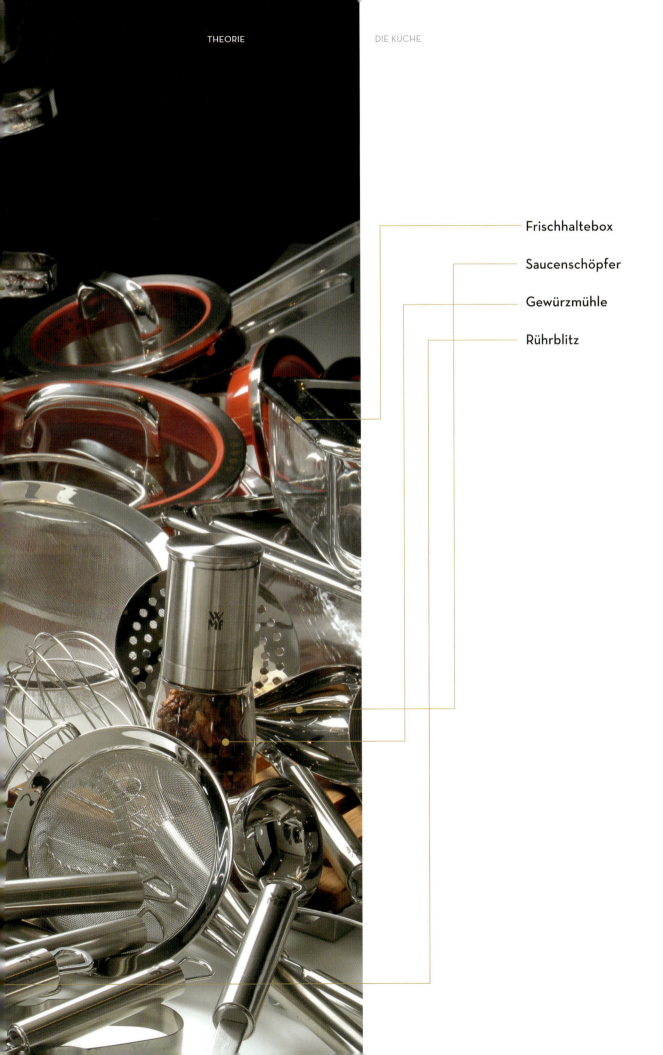

Frischhaltebox

Saucenschöpfer

Gewürzmühle

Rührblitz

Töpfe, Bratpfannen

Am besten sind stapelbare Töpfe mit Deckel, eventuell ein dazu passender Schneekessel. Die Bratpfannen sollten beschichtet sein, denn dann benötigen Sie viel weniger Fett. Achten Sie beim Braten jedoch darauf, dass Sie diese Pfannen nicht überhitzen. Es ist bei ihnen nicht erforderlich, auf der höchsten Temperaturstufe zu arbeiten; das Bratgut wird bei drei Viertel der Hitze ideal gebraten.

Die wichtigsten Messer sind:

Allround-Schneidemesser

Brotmesser [mit Wellenschliff]

Filetmesser zum Filetieren, Auslösen und Parieren von Fleisch und Fisch

Filetmesser

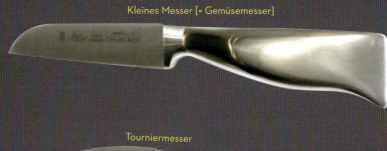

Kleines Messer [= Gemüsemesser]

Tourniermesser

Messer

Es gibt viele verschiedene Anbieter von Messern. Ihre Messer sollten gut in Ihrer Hand liegen und ein sicheres Gefühl beim Schneiden vermitteln. Die Voraussetzung dafür ist eine Klinge aus hochwertigem Stahl. Scharfe Klingen benötigen jedoch eine sorgfältige Pflege: vor der Benützung einmal kurz über den Messerschärfer ziehen! Um die Schärfe beizubehalten, aber auch, um Ihre Finger zu schützen, wenn Sie in die Messerlade greifen, bewahren Sie Ihre Messer am besten im Messerblock oder an der Magnetleiste auf. Alles, was scharfe Klingen hat, sollte vorsichtig mit der Hand gereinigt und nicht in den Geschirrspüler gegeben werden.

Tourniermesser

Die vielen Kleinigkeiten: Apfelentkerner
Auflaufformen
Ausstecher, rund
Behälter zum Aufbewahren
Dosenöffner
Eisportionierer
Fischpinzette
Fleischklopfer
Gummispachtel
Kartoffelpresse
Kartoffelschäler
Kerntemperaturmesser
Kuchenformen
Kugelausstecher
Messbecher mit Ausgießer
Palette und Knickpalette
Pinsel
Rollholz
Salatschleuder
Schneebesen
Schneidebrett, klein [ca. 15 x 25 cm] und groß [ca. 25 x 40 cm]
Schöpfer, klein und groß
Schöpfer, mit Ausgießer
Schüsseln
Siebe, feinmaschig, klein und groß
Souffléformen
Spritzsack mit Tüllen
Terrinen
Trüffelhobel
Zange
Zestenreißer

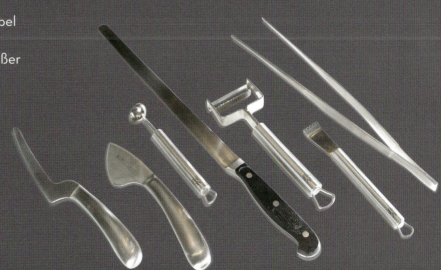

MADE IN
9194/18 cm (7")
1.4116 x 45 Cr Mo V 15

MADE IN
GOURMET GERMANY
8951/16 cm (6¼")
1.4116x45 CrMoV15

MADE IN INOX 1.4116x45 CrMoV15

Wie schaffen Sie mehr Platz?

Für ein mehrgängiges Menü für vier oder mehr Gäste benötigen Sie schon einigen Platz zum Vorbereiten und Anrichten. In vielen Küchen sind die Arbeitsplätze mit viel „Dekorationsmaterial", das keine wirkliche Verwendung findet, vollgeräumt. Aber auch eigentlich nützliche Dinge stehen herum, zum Beispiel Gläser mit Nudeln, Körbe mit Brot und Gemüse sowie Krüge, in denen sich Massen von Kochlöffeln, Küchen- zangen und Ähnlichem befinden. Funktionaler untergebracht sind diese Dinge in Ordnungssystemen, die Sie an die Wand montieren und in denen Sie verschiedenste Küchenhilfsmittel verstauen können.

Fangen Sie einige Tage zuvor an, Ihre Küche zu organisieren. Mit guter Vorbereitung haben Sie viel weniger Stress! Alle Dinge, die Sie für diesen besonderen Abend nicht benötigen, räumen Sie weg. Den Wasser- kocher – sofern Sie ihn überhaupt brauchen – stellen Sie auf einen Nebentisch oder in einen Schrank. Die Kaffeemaschine würde ich gleich mit den Tassen, Untertassen, Löffeln und Zucker in der Nähe Ihres Esstisches platzieren. Da können sich Ihre Gäste, wenn sie wollen, selbst bedienen, und Sie ersparen sich den Weg in die Küche. Falls Ihre Arbeitsfläche zu klein ist, fügen Sie einen kleinen Abstelltisch hinzu. Werfen Sie auch einen Blick in Ihren Kühlschrank und checken Sie, was dort alles so herumsteht. Was Sie nicht benötigen: raus damit – verbrauchen, richtig lagern oder entsorgen!

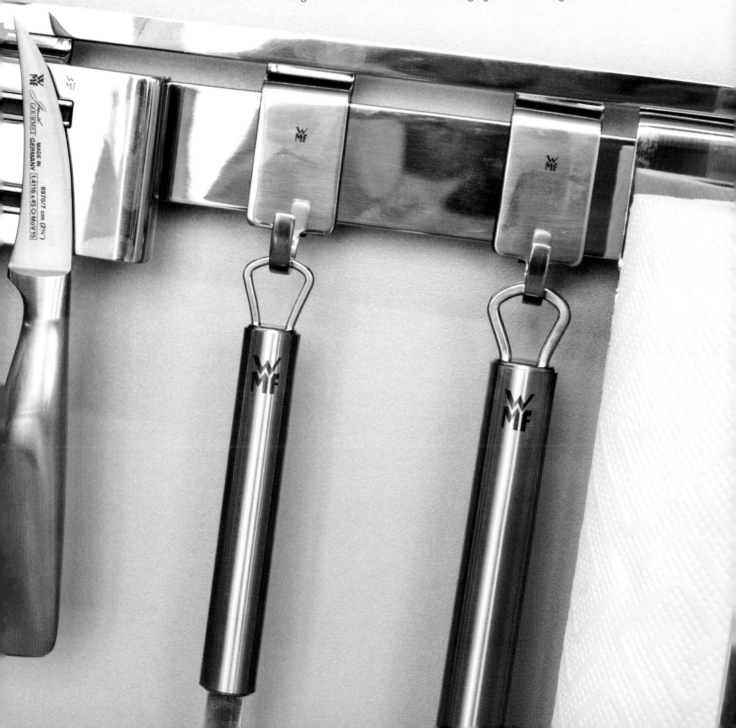

Das Thema

Anlässe zum Feiern gibt es genug – ob ein gemütliches Abend-
essen mit Freunden, eine Einladung von Geschäftspartnern
oder ein Jubiläum in der Familie. Es gibt wohl in jeder Familie Feste,
die von Anfang bis Ende durchgeplant werden, zum Beispiel Taufen
und Hochzeiten – egal, ob mit oder ohne Agentur. Ein Thema ist
sehr hilfreich dabei, die gesamte Planung und Stimmung konsequent
durchzuhalten. Wie der berühmte „rote Faden" zieht es sich durch
das gesamte Arrangement, bestimmt Accessoires, Farben u. v. m. und
führt Sie durch die ganze Veranstaltung.

Wir präsentieren Ihnen auf Seite 122 „Mediterraner Ausflug" und
auf Seite 162 „Weiße Weihnachts-Zeit".

Geben Sie Ihrer Einladung ein Thema wie zum Beispiel

Frühlingserwachen
Osterfest
Sommerfrische
Sommerkulinarium
Sommerausklang
Herbstlich
„Es herbst 'lt"
Festliches Weihnachten
Winterzauber
F[r]isch & Muschel
Alles aus dem Meer & mehr
Wild gekocht!
Vegetarische Kostbarkeiten
Crossover Asia
Mediterran
Candle Light Dinner

usw.

Crossover Asia

Orchideen und Schwimmkerzen sowie die edlen und intensiven Farbtöne Schwarz und Gold stimmen Ihre Gäste auf ein asiatisches Menü ein. [Bezugs- quellen: Tischdecke und goldfarbener Drehteller aus Holz: IKEA; goldfarbene Porzellanteller, Schalen und Untersetzer sowie schwarze, kantige Unterteller: Interio; Asia Box im Hintergrund und Teekanne: Ligne Roset.]

Wild gekocht!

Holzrinde, Moos, Eukalyptus-Blätter und getrocknete Hortensienblüten bringen die Atmosphäre des Waldes auf den Tisch. Ein Kuhfell dient als Tischdecke. Die Menükarte ist selbst gemacht und hängt an einem Geweih; die Namensschilder sind mit Filzbändern an Birkenrindestückchen befestigt. Die Moosvasen können Sie folgendermaßen selbst anfertigen: Moos auf einem Tisch auflegen. Eine abgeschnittene Plastikflasche auf das Moos legen und dieses mit dünnem Draht an der Flasche befestigen. Zum Beschweren mit Steinen füllen. Um die Farbe zu erfrischen, bei Bedarf mit Wasser besprühen. [Bezugsquellen: Servietten und Kerzenständer: Interio; Rauhledersessel und Holztisch: Ligne Roset.]

F[r]isch & Meer

Durch Sand, Muscheln, Palmenblätter und mit blauer Tinte eingefärbtes Wasser schaffen Sie eine maritime Stimmung. Sie können auch auf eine helle Tischdecke Sand in Wellenform aufgetragen und mit Steinchen und Muscheln ergänzen. Die Menükarten gestalten Sie als Flaschenpost, indem Sie Flaschen mit Sand füllen, die Menükarten einrollen und in die Flaschen stecken. Die Namenskärtchen bestehen aus einem Lederband mit einer Klammer, die eine Muschel hält. Die Teelichthalter werden in mit Sand gefüllte Jakobsmuschelschalen gesetzt und die Servietten in Schiffchenform gefaltet [siehe Seite 81]. [Bezugsquelle: Platzteller, Muschelkerzen, Servietten und Palme: IKEA.]

Dinner 4 2

Nun wird's romantisch! Die Tischdecke ist aus schwarzem Taft mit Samtrosen [als Meterware erhältlich]; das Menü wurde auf einen Spiegel geschrieben. Als Vasen dienen langstielige Gläser. Sie können auch Flaschen verwenden; schön ist z.B. eine Gruppe verschiedener Flaschen mit Einzelblumen. Rosen sind für ein romantisches Dinner natürlich ein Klassiker. Kerzenlicht und passende Musik runden die Stimmung ab. [Bezugsquellen: Kerzenleuchter: Bloomix; Windlichter, Kristalllüster: Ligne Roset; Teller, Schale: WMF; Spiegelteller: Interio.]

Die Einladung

Je nach Wichtigkeit und Größe Ihrer Veranstaltung sollten Sie Ihre Einladungen zwei bis sechs Wochen vorher verschicken. Sie können per Karte, Brief, Postkarte, E-Mail oder Telefonat einladen; ein Anruf zuvor, um das Datum mit allen Gästen zu koordinieren, schadet nie. Bei den schriftlichen Einladungen sollten Sie Ihrer Kreativität freien Lauf lassen – lassen Sie sich ruhig etwas einfallen!
Kurz vor der Einladung können Sie Ihre Gäste per Mail an den Termin erinnern, um sicherzustellen, dass sie ihn nicht vergessen. Bei einer Einladung im Freundeskreis können Sie diese Erinnerung auch humorvoll gestalten, z.B. indem Sie in den letzten Tagen per Mail einen „Countdown" herunterzählen.

Wichtig ist jedoch, dass Sie nicht nur Anlass und Thema, sondern auch Datum, Uhrzeit sowie Ihre Adresse mit Telefonnummer angeben – ist es Ihnen nicht auch schon passiert, dass Sie eine Einladung erhalten haben, auf der eine dieser wichtigen Angaben fehlte ...?

Auch eine Kleidervorschrift, ein „Dresscode", ist sinnvoll, und das umso mehr, wenn es ein Geschäftsessen oder ein offizieller Anlass ist oder die Kleidung der Gäste zum Thema passen soll. Ihre Gäste wollen ja nicht „over-" oder „underdressed" sein, sondern sich in ihrer Kleidung wohlfühlen.

Wenn Sie die kulinarischen Geschmacksneigungen Ihrer Gäste im Vorfeld abklären können, ersparen Sie sich einigen Stress. Trauen Sie sich zu fragen, welche Produkte Ihre Gäste nicht mögen oder worauf sie allergisch reagieren! Ich persönlich sehe es als allerbesten Service an, wenn Sie sich darüber im Voraus informieren, so dass all Ihre Gäste ein angenehmes Geschmackserlebnis erfahren. Denn es ist äußerst unangenehm, vergeblich zu kochen, und es bereitet viel Stress, kurzfristig Änderungen einzuschieben.

Das Menü

Menüplanung

W enn wir nun unser Thema ausgewählt haben, ist der nächste Schritt die Zusammenstellung des Menüs. Dieses ist der Ausgangspunkt der Planung, denn passend zu ihm suchen wir Wein/Getränke, Besteck, Porzellan, Gläser, Tischtücher, Tischsets, Servietten, Blumen usw. aus. Ohne Menü können Sie nicht mit der Organisation beginnen. Denken Sie jedoch, bevor Sie das Menü planen, an die Küchenausstattung, den Platz und die Kühlmöglichkeiten. Es hat keinen Sinn, sich zu viel Arbeit aufzuhalsen und Speisen zu kochen, die zu aufwendig sind.

Sollte die anstehende Einladung die erste sein, die Sie ausrichten, empfehle ich unbedingt, das Menü vorher einmal zur Probe zu kochen. Bei bereits bestehender Erfahrung gehen Sie gemütlich mit drei oder fünf Gängen an Ihren kulinarischen Abend heran. Sie können Ihr Menü ja, je nach gewünschter Herausforderung, mit einem Sorbet als Zwischengang und mit einer Käseauswahl [siehe Seite 97] nach dem Dessert zu einem mehrgängigen ausbauen.

Helfen können Sie sich damit, dass Sie sich die Aufgaben der Speisenvorbereitung auf mehrere Tage, Wochen, ja sogar Monate aufteilen! Sie werden es nicht glauben, aber Sie können schon Monate vorher anfangen. Nützen Sie zum Beispiel die Möglichkeit des Einkochens! Die Jahreszeiten geben uns immer frisch gereifte Produkte. Produzieren Sie in Ruhe.

„Es geht ans Eingemachte!"

Basilikumpesto und steirisches Kürbiskernpesto s. Seite 107, Balsamicoreduktion, Olivenpaste und Tomatenfilets s. Seite 108, Tomatensoße und getrocknete Tomaten s. Seite 111, Tomaten-Rosmarin-Marmelade, Cherrytomaten-Marmelade und eingelegte Pilze s. Seite 113, Pflaumen-Chutney, Schwarze Walnüsse und ein-gelegte Senfkörner s. Seite 114, Paprikamarmelade und Trüffelhonig s. Seite 116, Hühnerleberparfait s. Seite 186

Wir werden kreativ sein, deswegen werden wir gegenüber den Klassikern unsere Erzeugnisse ein wenig verändern. Pesti und die anderen genannten Produkte halten sich, sauber verarbeitet, über Monate und lassen sich großartig kombinieren.

Zur Einstimmung auf ein kulinarisches Essen werden oft kleine Appetithappen als „Gruß aus der Küche" gereicht. Sie werden auch „Appetizer", „Amuse-Gueule" [franz., „Maulfreude"] oder „Amuse-Bouche" [franz., „Mundfreude"] genannt.

Kombinieren Sie Ihre eingekochten Produkte mit einem Frischkäse von Kuh, Ziege oder Schaf, geräuchertem Fisch, Fleisch, Salaten oder Früchten. Holen Sie sich ruhig Anregungen aus Kochbüchern. Wenn Sie unsicher sind, probieren Sie die Kombinationen schon vor dem Dinner-Termin aus!

Beispiele

Im Frühjahr
Gekochter kalter Spargel mit Bärlauchpesto, frischen Kräutern, nativem Olivenöl, evtl. Balsamicoreduktion, Prosciutto [kann auch in Würfel geschnitten und angeröstet sein]

Im Sommer
Ziegen-Frischkäse mit Tomatenmarmelade, frischen Kräutern, Basilikumpesto, gerösteten Pinienkernen oder gewürfelter Feta mit getrockneten Tomaten, Basilikumpesto, schwarzen Oliven, in einem Glas serviert

Im Herbst
Frischkäse mit eingelegten [evtl. selbst gesammelten] Pfifferlingen oder Steinpilzen, steirischem Kürbiskernpesto, gerösteten Kürbiskernen, geschabtem Rettich, herbstlichen Blattsalaten

Sie sehen, es kann viel kombiniert werden. Sie können eine Vorspeise mit den vorbereiteten und bereits fertig gereiften Produkten im Nu anrichten. Das spart für Ihr festliches Dinner viel Zeit – für vier bis acht Personen brauchen Sie so zum Anrichten nur fünf bis zehn Minuten. Na, bitte! Schneller geht es nicht – und alles selbst gemacht!

Menüauswahl und Zusammenstellung

Durch die Globalisierung und technische Hilfen bekommen wir heute fast jedes Lebensmittel zu jeder Jahreszeit. Ich empfehle Ihnen jedoch, Produkte, die gerade Saison haben, zu verwenden. Verzichten Sie, so gut es geht, auf Tiefkühlwaren. Frisches und richtig gereiftes Obst und Gemüse sowie frisches Fleisch sind im Geschmack nicht zu überbieten. Eiscreme, Meeresfrüchte wie Garnelen und Jakobsmuscheln und einige wenige Gemüsesorten wie Mais und Erbsen sind jedoch auch als Gefrierprodukte häufig von sehr guter Qualität. Generell gilt: Je besser die Zutaten, umso besser das Ergebnis. Auch der Winzer schafft es nicht, aus schlechtem Traubenmaterial großartigen Wein zu vinifizieren. Ebenso beginnen gute Speisen bei der Frische der Produkte. Nur gute, gesunde Produkte machen eine Speise nach der Veredelung zum Hochgenuss.

Bei der Zusammenstellung eines mehrgängigen Menüs sollten Sie einiges unbedingt beachten.

In Frühling und Sommer, den heißen Jahreszeiten, werden eher leichte, kühle, erfrischende Speisen in die Menüfolge eingebaut, z.B. kalte oder geeiste Suppen, kalte Rahmgerichte, Gemüse, Salate, Fische, Sorbets, Eis etc. In den kühleren Jahreszeiten darf das Menü durchaus kräftiger sein und mehr warme Gerichte beinhalten.

Hier ein Beispiel für die Abfolge eines idealen Menüs. Dieses beginnt grundsätzlich mit einer kalten, leichteren Vorspeise, auf die eine lauwarme Vorspeise folgt. Danach wird eine Suppe serviert und nach dieser eine warme Vorspeise. Eine Fisch- oder/und Fleischhauptspeise folgen; diese können durch ein erfrischendes Sorbet getrennt werden. Mit einem Dessert oder/und Käse klingt das Menü aus. Nach diesem Prinzip können Sie Ihr Dinner mit so viel Gängen zusammenstellen, wie Sie wollen – solange Sie die vorgegebene Reihenfolge einhalten.

Lassen Sie die Intensität des Geschmacks sowie die Wärme der Speisen langsam ansteigen, und servieren Sie leichte vor schweren Gerichten. Der Gast soll eine spannende Geschmackssteigerung erkennen können. Die Geschmacksexplosion soll die Hauptspeise oder auch das Dessert sein. Achtung: Nicht alle Gäste essen gern süß! Achten Sie außerdem unbedingt darauf, dass sich Produkte und Gewürze nicht wiederholen!

Insgesamt sollten Sie darauf achten, dass Ihr Menü möglichst abwechslungsreich zusammengestellt ist; von allem soll etwas vertreten sein: Gemüse, Obst, Fisch und Fleisch. Natürlich können Sie für Freunde der vegetarischen Küche auch ein rein vegetarisches Menü anbieten; in diesem Buch gehe ich von der gesamten Produktpalette aus. Es ist Ihnen selbstverständlich freigestellt, Ihre Lieblings-Geschmacksrichtungen einzubauen. Vergessen Sie jedoch nicht, dass es Ihren Gästen schmecken soll, und Produktvielfalt ist der beste Weg, möglichst viele Geschmäcker zu treffen. Planen Sie Ihr Menü dementsprechend passend zur Jahreszeit, zum saisonalen Angebot und zu Ihrem Thema. Der Herbst hat bei uns in Zentraleuropa sicherlich die größte Auswahl zu bieten, z.B. Gemüse wie Kürbis und Kohl, Pilze, Nüsse, Kastanien und Wild [Fasan, Hase, Reh, Wildschwein, Hirsch]. Achten Sie dabei immer darauf, dass die Arbeitsschritte nicht zu aufwendig sind und gut vorbereitet werden können. Besonders Suppen, Pasteten, Terrinen, Sülzen, Törtchen und Cremes lassen sich gut im Voraus herstellen und erleichtern Ihnen die Arbeit an Ihrem großen Festtag sehr. Doch vor allen Dingen: Nutzen Sie Ihre Phantasie! Stöbern Sie in Kochbüchern nach Rezepten, die Ihnen gefallen! Auch das Mediterrane und das Asiatische haben ihren Reiz – seien Sie kreativ und verbinden Sie!

Beispiele

Dreigängiges Menü

Suppe

oder warme/kalte Vorspeise

Hauptspeise

Dessert

Viergängiges Menü

Kalte oder warme Vorspeise

Suppe

Hauptspeise

Dessert

Fünfgängiges Menü

Kalte Vorspeise

Suppe

Warme Vorspeise

Hauptspeise

Dessert

Mehrgängiges Menü

Kalte Vorspeise

Lauwarme Vorspeise

Suppe

Warme Vorspeise

Fischiges Hauptgericht

Zwischengericht [Sorbet]

Fleischiges Hauptgericht

Dessert

Nach dem Menü können Sie noch Petits Fours [franz.; Kleingebäck]
und Kaffee sowie einen Digestif [franz.; Verdauungsschnaps] servieren.
Mehr über den Digestif auf Seite 58.
Nicht vergessen werden darf Käse. Sie können ihn vor dem Dessert,
nach dem Dessert oder anstelle des Desserts servieren. Mehr zum
Käse auf Seite 97.

Zum Erstellen der Menükarte siehe Seite 67.

Das Menü

Zum Entree servieren wir Ihnen ein Glas Schilchersekt
vom Weingut Strohmeier
St. Stefan ob Stainz/Weststeiermark/Austria

Kalte Vorspeise
2007 Weißburgunder steil
Weingut Hannes Harkamp
St. Nikolai/Südsteiermark/Austria

Warme Vorspeise
2005 Sauvignon Blanc Welles
Weingut Lackner-Tinnacher
Gamlitz/Südsteiermark/Austria

Consommé double
mit Einlage
2006 Traminer Kirchleiten
Weingut Winkler-Hermaden
Kapfenstein/Südoststeiermark/Austria

Hauptspeise
2003 Blaufränkisch Dürrau
Weingut Franz Weninger
Horitschon/Mittelburgenland/Austria

Dessert
2001 Traminer Trockenbeerenauslese
Weingut Gross
Ratsch a.d.W./Südsteiermark/Austria

Kaffee & Digestif

»Wein ist der Spiegel des Menschen.«

Alkäus von Mytilene

Die Getränke

Die Auswahl

Es gibt eine sehr große Vielfalt an Getränken: Sekt, Wein, Bier, Brände, Schnäpse und Getränke ohne Alkohol wie Mineralwasser und Saft; all diese werden am Markt in schier unübersehbarer Fülle angeboten. Verzichten Sie auch in diesem Bereich auf übertriebenen Aufwand, der Ihre Aufmerksamkeit – und die Ihrer Gäste – über Gebühr strapaziert. Treffen Sie Ihre Auswahl überlegt! Möglich sind folgende Zuordnungen:

Als Aperitif: Cocktails, Sekt, Wein, Bier
Zum Menü: Sekt, Wein, Bier, Fruchtsaft, Mineralwasser
Nach dem Menü: Spirituosen, Kaffee, Tee, Trinkessig

Der Aperitif

Ein genussvolles Dinner beginnt mit einem Aperitif. Der Aperitif soll appetitanregend wirken; es eignet sich also ein guter, trockener bis halbtrockener Sekt oder ein Champagner. Auch säurebetonte Weine wie Welschriesling, Grüner Veltliner oder Sämling sind appetitanregend, desgleichen „Aromaweine" wie Traminer, Gewürztraminer, Gelber oder Roter Muskateller. Natürlich können Sie auch Cocktails mixen; bedenken Sie aber, dass dies mit Mehraufwand verbunden ist. Falls Sie diesen nicht in Ihrem Zeitplan unterbringen können, bieten Sie einfachere Mixgetränke wie einen Aperolspritzer oder Sekt mit verschiedensten Fruchtsäften an.

Wein als Speisebegleiter

Unter den möglichen Speisebegleitern Sekt, Wein, Bier, Mineralwasser und Fruchtsaft ist Wein bei weitem der komplexeste! Wir wollen uns diesem Thema ein wenig mehr widmen. Es ist schier unerschöpflich – und dabei sehr interessant. Allein in Österreich sind 35 Rebsorten zugelassen; weltweit gibt es viele autochthone Sorten. Jedes Land hat seinen eigenen Stil, die Weine werden auf sehr unterschiedliche Art vinifiziert, und daraus ergeben sich viele verschiedene geschmackliche Ausprägungen.

Aufgrund der Vielfalt des Angebots ist die Auswahl des richtigen Weines zur Speise ein anspruchsvolles Unterfangen. Für ungeübte und unkundige Weinfreunde unter Ihnen empfiehlt es sich, eine Vinothek Ihres Vertrauens aufzusuchen. Wichtig ist für Sie, dass Sie wirklich das Gefühl haben, richtig beraten zu werden. Beschreiben Sie Ihre Speise, wie Sie diese zubereiten wollen, und nachdem Sie einen Vorschlag erhalten haben, fragen Sie nach, warum Ihr Berater Ihnen diesen Wein empfiehlt. Kann er es Ihnen überzeugend erklären, dann sind Sie in guten Händen. Wenn Sie nicht überzeugt sind, sollten Sie sich gut überlegen, ob Sie den Wein kaufen. Ich glaube jedoch, dass in den meisten Vinotheken sachkundige Verkäufer tätig sind.

Grundsätzlich diktiert die Speisenfolge die Weinauswahl – die Abfolge der Weine entspricht der des Menüs. Deshalb wird meist leichter Wein vor schwerem, junger vor altem, weißer vor rotem serviert. Dabei steigt der Alkoholgehalt der Weine an, bis hin zum Süßwein zum Dessert. Es gibt jedoch auch Ausnahmen, z.B. wenn als Vorspeise Gänseleber serviert wird, zu der ein Süßwein hervorragend passt.

Um Wein und Speisen optimal zu kombinieren, brauchen wir Richtlinien, welcher Wein zu welcher Speise passt. Den Leitsatz „Weißwein zu hellem Fleisch, Rotwein zu dunklem Fleisch" hat jeder schon einmal gehört. Er ist jedoch nicht so relevant wie der folgende: Grundsätzlich reicht man leichten Wein zu leichten Speisen, würzige, kräftige Weine zu würzigeren, fetten Speisen, süßen Wein zu süßen Speisen. Aber auch das Gegenteil kann sehr interessant sein. Kennen Sie z.B. die Kombination von „salzig" und „süß", wie beim Klassiker „Blauschimmelkäse zu einem Glas Trockenbeerenauslese?" Hmm-mm!!! Der Geschmack der Speisen ist für die Auswahl des Weines also von größter Wichtigkeit. Daher müssen Sie den Charakter der Speisen und der Weine gut kennen, um diese erfolgreich zu vermählen.

Folgende Geschmacksrichtungen von Speisen und Wein können in aufsteigender Reihenfolge kombiniert werden:

sauer & sauer

sauer & würzig

salzig & sauer

salzig & salzig

salzig & süß

salzig & bitter

süß & sauer

süß & sauer & scharf

süß & süß

würzig & süß

Achtung! Scharfe Gewürze wie Pfeffer oder Chili und stark aromatische Zutaten wie Essig, Schokolade, Sardellenpaste und Eidotter „erschlagen" die feinen Geschmacksnuancen des Weins!

Stilistik und Charakter des Weines

Der Wein wird, je nach seinem Charakter, in verschiedenen Materialien ausgebaut. Im Stahltank und in großen, mehrfach verwendeten Holzfässern reifen eher die jungen, frischen und säurebetonten Weine. Kräftigere Weine werden oft in Barriquefässern ausgebaut. Diese fassen 225 l und werden ein bis höchstens drei Mal verwendet. In ihnen nimmt der Wein Röst- und Vanillearomen auf und bekommt dadurch eine besondere Geschmacksnote.

Die Stilistik fast jeder Weinsorte können wir in fünf Bereiche unterteilen, d.h. eine Sorte wie z.B. Weißburgunder kann

leicht & frisch
saftig & elegant
komplex & kräftig
üppig & opulent
süßlich bis süß

schmecken und findet zur jeder Stilistik-Variante einen anderen Speisepartner.

Die meiner Meinung nach interessantesten Rebsorten in Österreich:

Weißweine	*Rotweine*
Chardonnay/Morillon	Blauburger
Grauburgunder	Blauer Portugieser
Grüner Veltliner	Blauer Wildbacher
Muskateller	Blaufränkisch
Riesling	Cabernet Sauvignon
Sämling	Merlot
Sauvignon Blanc	Pinot Noir
Traminer	St. Laurent
Weißburgunder	Syrah/Shiraz
Welschriesling	Zweigelt

Auf die richtige Serviertemperatur des Weines kommt es an!

6 – 8 °C	Schaumwein, Sekt, Champagner
8 – 10 °C	Leichter Weißwein, Rosé
10 – 12 °C	Guter Weißwein, Spät- und Auslese
12 – 14 °C	Hochwertiger Weißwein
14 – 16 °C	Einfacher Rotwein
16 – 18 °C	Kräftiger, hochwertiger Rotwein
18 – 19 °C	Reifer, großer Rotwein

Dekantieren

Vor allem kräftigere, ältere Rot- und Weißweine und Cuvées
[Verschnitte von verschiedenen Rebsorten] werden vor dem Servieren
dekantiert, also in eine Karaffe umgefüllt. Zum einen soll bei älteren
Jahrgängen der „Satz" beim vorsichtigen Umgießen in der Flasche
bleiben und nicht in das Glas gelangen. Zum anderen soll der Wein
„atmen", also Luft bekommen, um sich richtig entfalten zu können.
Bei Rotweinen ist das Dekantieren bisher üblicher als bei Weißweinen.
Doch auch bei diesen ist es sehr sinnvoll. Vor dem Dekantieren
müssen die Weine heruntergekühlt werden auf ca. 4 °C unter der
Trinktemperatur, denn wenn sie erst auf dem Tisch stehen, erwärmen
sie sich bei Zimmertemperatur von selbst. Sie sollten das Dekantieren
mindestens ein bis zwei Stunden vor dem Trinkgenuss durchführen
und die Karaffe für die Zeit vor dem Servieren möglichst an einen
kühlen Ort stellen.
Bitte die Gläser nicht „überfüllen", lieber öfter nachschenken:
Der Wein im Glas erwärmt sich relativ schnell.

Digestif, Kaffee und Tee

Als Digestif eignen sich manche Shortdrinks [After-Dinner-Cocktails],
aber auch bestimmte Spirituosen wie Wein- und Tresterbrände
[Cognac, Armagnac, Grappa], Whisky, Obstbrände, klare Spirituosen
[Wodka], Kräuterbitter, Portweine, Liköre, Rum und Trinkessig mit 3 %
Säure [wird meist aus Süßwein erzeugt; fördert wirklich die Verdauung].
Mit einer Espressomaschine ist es auch zu Hause möglich, einen
Espresso auf Knopfdruck zu „kochen". Viele Geräte bereiten sogar
Caffè Latte und andere Milch-Kaffee-Mischungen zu. Daher ist es
heutzutage leicht, qualitativ hochwertigen Kaffee zum Dessert oder
danach anzubieten.
Sollte jemand von Ihren Gästen Tee zum Abschluss wünschen,
bereiten Sie diesen mit losen Teeblättern in einer Kanne mit heraus-
nehmbarem Einsatz zu.

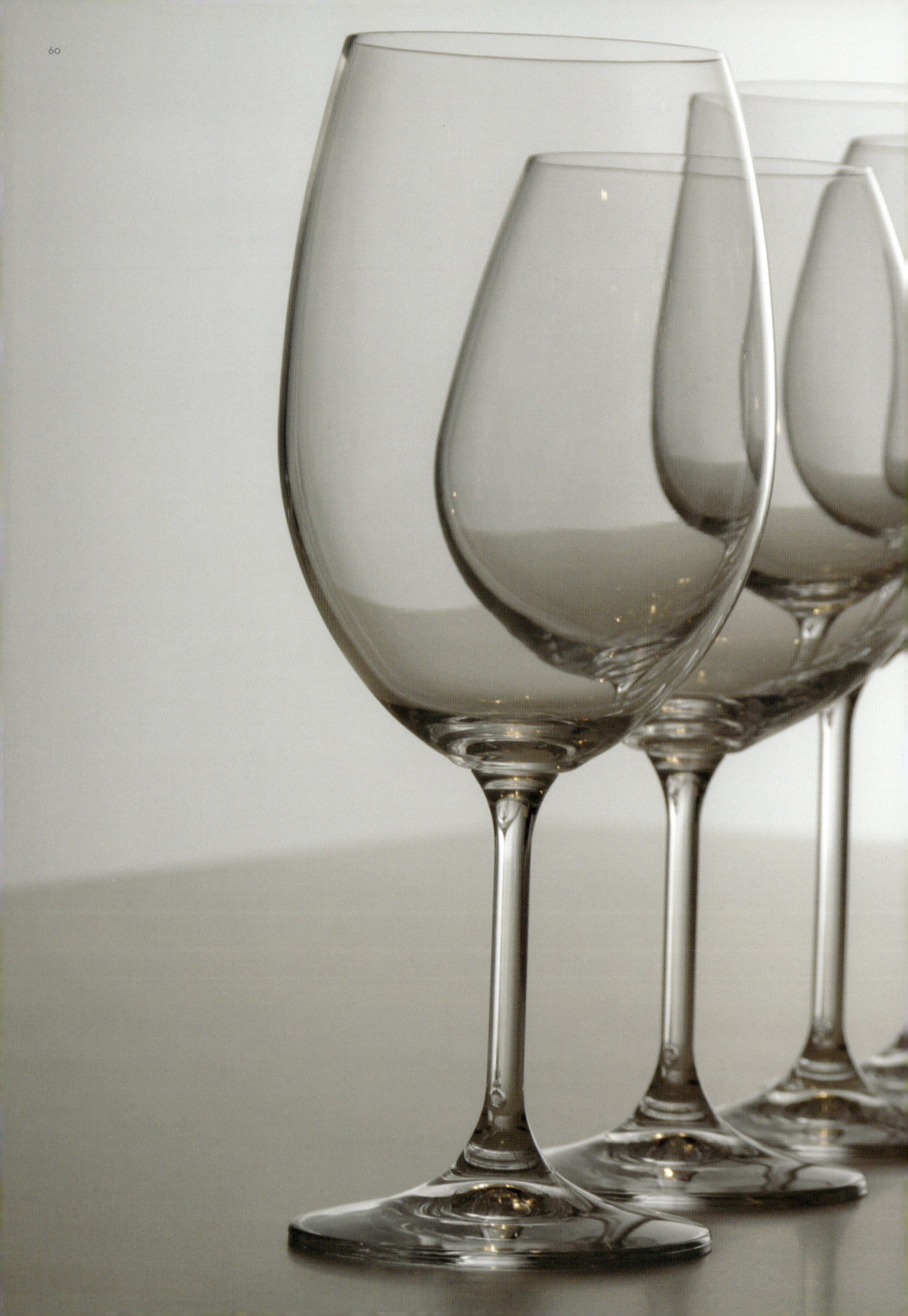

»Ich habe gefunden, dass Menschen mit
Geist und Witz auch immer eine feine Zunge
besitzen, jene aber mit stumpfem Gaumen
beides entbehren!« *Voltaire*

Glaskultur

Wie viele andere Fragen rund um Geschmack und Genuss wird auch die Frage nach den richtigen Weingläsern häufig diskutiert. Bei genauerer Betrachtung ergeben sich jedoch folgende einfachen Erkenntnisse. Ein einfacher Wein präsentiert sich in einem schlichten, dünnen Weinglas am besten. Ein eleganter Wein gehört in ein elegantes Glas, um all seine Raffinessen ausspielen zu können. Ein junger und frischer Wein verlangt ein kleineres Glas, ein opulenter und körperreicher hingegen ein größeres. In der Regel passen zu Weißweinen eher kleinere, zu Rotweinen eher größere Gläser; manchmal ist es, ausgehend vom Charakter des Weines, aber auch umgekehrt. Wichtig ist auch der Rand des Glases; es soll nicht zu wulstig, sondern fein geschliffen sein. Beim Anstoßen soll das Glas einen schönen Klang erzeugen. Mit dem Gläserkult geht es ja schon so weit, dass für jede wichtige Rebsorte ein eigenes Glas konzipiert wurde. Von jeder Sorte 6 bis 8 Gläser zu Hause zu haben, sprengt wohl jeden Glasschrank. Tatsache ist aber, dass derselbe Wein in verschiedenen Gläsern anders schmeckt! Probieren Sie es einmal aus!

Warum gibt es überhaupt so viele verschiedene Weingläser für verschiedene Rebsorten?

Wir riechen und schmecken mit unserer Nase und mit unserer Zunge. Wir wissen, sobald unsere Nase „verschnupft" ist, ist es mit dem Schmecken vorbei. Auf der Zunge sind von vorne nach hinten und seitlich die Geschmacksrichtungen „salzig", „süß", „bitter" und „sauer" erkennbar. Durch das Einatmen und Ausatmen durch die Nase wird beim Schmecken im Mund der Geschmack auf der Zunge verstärkt. Da die Rebsorten unterschiedliche Geschmacksnuancen aufweisen und unsere Zunge auf verschiedenen Stellen mit Hilfe des Riechkolbens unterschiedliche Geschmacksrichtungen erkennen kann, wird die Wahrnehmung des Weines durch die Art, wie die Form des Glases den Wein auf der Zunge verteilt, stark beeinflusst.

Viele Glasmanufakturen haben sich Gedanken gemacht und „Genuss"-Gläser für verschiedene Ansprüche kreiert. Wir beschränken uns aber auf die wichtigsten Gläser bzw. auf einen vernünftigen Kompromiss. All diese Gläser gibt es in verschiedenen Ausführungen, maschinell hergestellt oder mundgeblasen.

Grundausstattung

Es gibt von verschiedenen Anbietern verschieden geformte Allzweck-Weingläser. Die Weißweingläser sind jedoch immer kleiner als die Rotweingläser.

Allzweck-Weißweinglas
Kann wie das Chardonnayglas aussehen [siehe Seite 64].

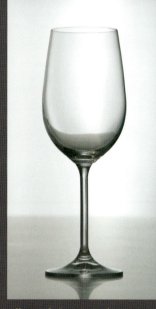

Allzweck-Rotweinglas
Kann wie das Syrah/Shirazglas aussehen [siehe Seite 65].

Schnapsglas
Der Tulpenform nachempfunden, wenig Volumen, für alle Destillate.

Sektglas
Ein sehr schlankes, hohes Glas für Sekt, Frizzante und Prosecco.

Bierglas
Schlanker, hoher Kelch mit sehr kurzem Stiel für alle Biersorten.

Wasserglas
Bauchiger, schlanker Kelch mit sehr kurzem Stiel für Wasser und alle alkoholfreien Getränke.

Zusatzausstattung

Jungweinglas

Der Tulpenform nachempfunden, weniger Volumen, für alle jungen Weißweine und auch für Süßweine.

Rieslingglas

Schlanker, hoher Kelch für frische, fruchtige Weißweine wie Riesling und Grüner Veltliner.

Chardonnayglas

Schlankerer, nicht zu hoher, leicht bauchiger Kelch für leichtere Weißweine z.B. der Sorten Chardonnay und Sauvignon Blanc.

Champagnerglas

Sehr schlankes, hohes, V-förmiges Glas für alle Champagnersorten.

Dessertweinglas

Meist kleiner und hochstielig. Als Dessertweinglas kann auch das tulpenförmige Jungweinglas genommen werden.

Syrah-/Shirazglas

Hoher Stiel mit schlanken, geraden Wänden. Für gute klassische, nicht zu schwere Rotweine wie Syrah/Shiraz und Chianti Classico.

Tempranilloglas

Bauchiger Kelch mit verengter Öffnung für fruchtbetonte, oft im Barrique ausgebaute Rotweine wie Tempranillo, Zweigelt und Rioja.

Achtung!

Weingläser können Gerüche annehmen, z.B. von parfümiertem Spülmittel, von der Möbelpolitur, mit der der Holzschrank behandelt wurde, oder von mit parfümiertem Waschmittel gewaschenen Geschirrtüchern. Riechen Sie immer in Ihre Gläser hinein, bevor Sie sie auf den Tisch stellen. Diese müssen absolut neutral riechen, ansonsten können sie den Geschmack des Weines zu seinen Ungunsten verändern, obwohl er keinen Fehler aufweist. Sollte Ihnen ein unangenehmer Geruch im Glas auffallen, können Sie es durch „Avinieren" „weinfreundlich" machen. Gießen Sie einen kleinen Schluck Wein in das Glas, schwenken Sie es und drehen Sie es wie eine Mischmaschine, so dass das ganze Glas benetzt wird und der Wein in ein anderes, weinfreundlich zu machendes, Glas fließt.

Cognacglas

Sehr bauchiges, voluminöses Glas mit kurzem Stiel.

Burgunderglas

Runderer, breiterer Kelch mit großem Volumen für gehaltvolle Rotweinsorten wie Burgunder, Barolo, Barbera, Blaufränkisch, Barbaresco sowie für gehaltvolle weiße Burgundersorten und Chardonnays.

Bordeauxglas

Schlankerer, höherer Kelch mit großem Volumen für gehaltvolle Rotweine wie Bordeaux, Brunello, Chianti, Cabernet Sauvignon und Merlot.

MediterranerAusflug

Abgehoben...

Tomaten mit Ziegenkäse & Basilikumpesto

Höhenflug...

Vitello tonnato mit Limette

Schwerelos...

Orangen Sorbetto mit Zitronenthymian

Landeanflug...

Lammkeule auf Paprikapolenta

Bodenkontakt...

Käse Variation vom Buffet

Die Menükarte

Eine Menükarte erfüllt nicht nur den Zweck, das Menü anzukün-
digen, sondern wird auch sehr gerne als nettes Erinnerungsstück
mit nach Hause genommen und aufbewahrt. Für die Gestaltung der
Menükarte gibt es unendlich viele Möglichkeiten, sei es als Briefkarte
oder als gerolltes Blatt Papier, mit Bast gebunden und mit einem
Zweig dekoriert – Ihrer Kreativität sind da keine Grenzen gesetzt,
solange die Menükarte zu Ihrem Thema passt. Ich finde es sehr nett,
das Menü [im Copyshop] auf eine Stoffserviette drucken zu lassen.
Wenn Sie keine Zeit haben, für jeden Gast eine eigene Menükarte zu
machen, können Sie das Menü auch anders ankündigen, indem Sie es
eine auf Kreidetafel, eine Leinwand oder einen großen Spiegel
schreiben – ein handgeschriebenes Menü gibt immer einen sehr
persönlichen Touch! Auch die Namenskärtchen sollten kreativ,
persönlich und zum Thema passend gestaltet werden.

Wie führen Sie auf der Menükarte Weine und Speisen an?

Bei einer doppelseitigen Menükarte stehen auf der linken Seite die
Getränke, auf der rechten die Speisen.
Der begleitende Wein wird in der gleichen Höhe wie die dazu
passende Speise genannt. Er wird durch folgende Angaben in dieser
Reihenfolge gekennzeichnet:

*Jahrgang, Rebsorte[n] mit „qualitativer" Beschreibung [kann
z.B. die Lage oder der Name des Weines sein].
Darunter das Weingut, der Produzent.
Darunter der Herstellungsort.
Daneben oder darunter das Gebiet und das Land.*

*Wenn kein Getränk zu einer Speise gereicht wird, lassen Sie
den Platz auf der linken Seite leer.*

*Wenn ein Wein zu zwei hintereinander folgenden Speisen
serviert wird, wird dieser links in die Mitte zwischen den beiden
Speisen geschrieben.*

*Wenn ein Wein oder Sekt zu allen oder mehreren Speisen
serviert wird, wird er auf der linken Seite in der Höhe der ersten Speise mit dem Vermerk angeführt, dass dieser Wein das
gesamte Menü begleitet.*

Bei einer einseitigen Menükarte stehen die begleitenden Weine direkt
unter den jeweiligen Speisen [siehe Seite 49].

Zum Entree servieren wir Ihnen ein Glas Schilchersekt
vom Weingut Strohmeier
St. Stefan ob Stainz/Weststeiermark/Austria

2007
Weißburgunder steil
Weingut Hannes Harkamp
St. Nikolai/Südsteiermark/Austria

2005
Sauvignon Blanc Welles
Weingut Lackner-Tinnacher
Gamlitz/Südsteiermark/Austria

2006
Traminer Kirchleiten
Weingut Winkler-Hermaden
Kapfenstein/Südoststeiermark/Austria

2003
Blaufränkisch Dürrau
Weingut Franz Weninger
Horitschon/Mittelburgenland/Austria

2001
Traminer Trockenbeerenauslese
Weingut Gross
Ratsch a.d.W./Südsteiermark/Austria

Das Menü

Kalte Vorspeise

Warme Vorspeise

Consommé double
mit Einlage

Hauptspeise

Dessert

Kaffee & Digestif

Der festliche Esstisch

Die Ausstattung

Für ein festliches Tisch-Setup benötigen Sie folgende Gegenstände:

Tischtuch, darunter ein Molton, der verhindert, dass das Tischtuch verrutscht, und den Geräuschpegel beim Decken des Tisches dämmt. Eine Alternative dazu sind Tischläufer oder Tischsets.

Stoffservietten

Gläser

Besteck

Salz- und Pfefferstreuer [werden vor dem Dessert abserviert]

Speiseteller

Eventuell Brotteller

Eventuell Platzteller
Diese können aus Glas, Porzellan, Metall oder Holz bestehen. Beim Abstellen und Aufnehmen des Speisetellers sowie beim Essen geraten Platzteller und Speiseteller manchmal geräuschvoll aneinander. Das können Sie verhindern, indem Sie zu Ihrem Thema passende, weiche Materialien dazwischenlegen, z.B. Blätter.

72

Fischgabel

Fischmesser

Teelöffel

Vorspeisenlöffel

Vorspeisengabel

Vorspeisenmesser

Tafelmesser

Tafelgabel

Kuchengabel

Das Besteck

Grundausstattung:

Vorspeisen- oder Tafelbesteck: jeweils Messer und Gabel
Suppenlöffel
Kuchengabel
Kaffeelöffel

Zusatzausstattung:

Brotmesser
Fischbesteck: Messer und Gabel
Dessertbesteck = Vorspeisenbesteck
Mokkalöffel

Spezialbesteck:

Hummergabel
Krebsbesteck
Schneckenzange und -gabel
Gourmetlöffel [Fischmesser und Löffel in einem; ideal, um Soßen
zu löffeln]

Traditionell ist das Tafelbesteck größer als das Vorspeisenbesteck.
Die heute üblichen Bestecke sind meist von mittlerer Größe und
können sowohl als Tafel- als auch als Vorspeisenbesteck verwendet
werden. Sollten Sie eine traditionelle Besteckausstattung haben,
so wird das Tafelbesteck immer für die Hauptspeise verwendet, sofern
diese nicht aus Fisch besteht, für den das Fischbesteck verwendet
wird. Das Besteck sollte maximal für fünf Gänge inklusive des
Desserts aufgedeckt werden. Wenn für ein mehr als fünfgängiges
Menü mehr Besteckteile erforderlich sind, dürfen Sie das Nachdecken
nicht vergessen. Sie können für die ersten Gänge eindecken und nach
deren Beendigung den Rest nachdecken oder auch schon zwischendurch nachdecken.
In den meisten Haushalten finden sich nicht ausreichend Besteckteile für ein mehrgängiges Menü. Falls das auch bei Ihnen der Fall ist,
borgen Sie sich bei Nachbarn oder Freunden das fehlende Besteck
aus, oder reinigen Sie das Besteck zwischendurch und decken nach.
Die Variante des Ausborgens gefällt mir jedoch besser, da Sie während
des Dinners kein Besteck abwaschen müssen und auch nicht vergessen
können, nachzudecken.

Die Teller

Nicht nur, was auf die Teller kommt, zählt, sondern auch, auf welchen Tellern die Speisen serviert werden. Vergessen Sie aber nicht: Die wahren Stars sind Ihre kreativ angerichteten Speisen, nicht die Farben oder die Muster Ihrer Teller. Es ist alles erlaubt, was stimmig ist.

Jedoch sollten die Farben der Teller die Farben der Speisen ergänzen und sich nicht mit diesen schlagen oder diese gar übertönen. Klassisches Weiß oder ein leichtes Beige sind immer en vogue und passend, ob nun zu den Speisen oder zum Dekor.

Auf Tellern mit größerem Durchmesser kommen Speisen besser zur Geltung. Bei einem mehrgängigen Menü werden die Speisen selbstverständich kleiner gehalten als bei zwei oder drei Gängen. Ihre Gäste sollten dennoch satt werden ...

Vorspeisen können durchaus auf Pastatellern, Glastellern, ovalen oder asymmetrischen Tellern sowie in Schüsseln angerichtet werden. Derzeit ist es trendig, Speisekreationen auf Naturmaterialien wie Holz, Steinplatten und Blättern zu servieren.

Bei der Tellerwahl ist also Ihre persönliche Kreativität gefragt; Sie sollten sich jedoch vorher überlegen, wie Sie die Speisen anrichten und wie diese aussehen sollen.

Das Decken des Tisches   *Die Platzeinteilung*

Nachdem Sie Tischtuch, Tischläufer oder Sets aufgelegt haben,
teilen Sie den Tisch gemäß der Teilnehmerzahl auf. Jeder Gast sollte
mindestens 60 cm Platz bekommen. Ob die Zahl der Personen gerade
oder ungerade ist, hat meines Erachtens keine Bedeutung. Bei einer
geraden Zahl entsteht allerdings eine schönere Symmetrie. Nehmen
Sie den größten Teller – das ist entweder der Platzteller oder der
größte Speiseteller – und stellen ihn einen Zentimeter vom Tischrand
entfernt hin. Er gibt die Grundlinien vor.

Das Besteck

Dann wird das Besteck, mit der Hauptspeise beginnend, von innen
nach außen aufgedeckt. Messer und Löffel liegen rechts und die
Gabel links, wobei das Besteckende vom Tischrand entfernt auf die
gleicher Höhe mit dem Tellerrand platziert wird und das Haupt-
speisenbesteck von Tellerrand weg aufgelegt wird. Danach werden die
nächsten Besteckteile des vor der Hauptspeise servierten Gerichtes
eingedeckt bis zum Besteckteil für die erste Speisenkreation.
Auf der rechten Seite werden die Messer oder auch der Löffel schön
nebeneinander mit dem gleichen Abstand zum Tischrand aufgelegt.
Auf der linken Seite werden die Vorspeisengabeln der Reihe nach
wie folgt platziert. Die zweite Gabel nach der Hauptspeisengabel
wird etwas höher aufgelegt, die folgende wird wieder zum Tischrand
zurückgelegt. Sollte nun eine weitere Gabel folgen, wird diese wieder-
um hochgezogen [siehe Seite 138].
Das Dessertbesteck wird über dem Teller waagerecht eingedeckt,
wobei der Griff immer in die Richtung zeigt, wo er den richtigen Platz
neben dem Platzteller hätte, d.h. der Löffelstiel nach rechts und der
Gabelstiel nach links. Bei Obst oder Käse wird anstelle des Löffels ein
Messer eingedeckt.
Der Brotteller mit dem Brotmesser wird links neben dem Vorspeisenbesteck halbhoch eingedeckt [und nach der Hauptspeise abserviert].

Die Gläser

Wie beim Eindecken des Bestecks beginnen wir beim Eindecken der
Gläser mit dem Hauptgang und stellen in der Regel für die Hauptspeise ein großes Rotweinglas oder ein großes Weißweinglas auf.
Dann folgen von links nach rechts über den vorhandenen Messern
und Löffeln die weiteren Gläser für die Weine zu den Vorspeisen und
den Aperitif; das Wasserglas ist das Glas, das am meisten benutzt wird,
und steht rechts vor dem ersten Glas.
Es sollten nicht mehr als vier Gläser auf dem Tisch stehen. Sollten Sie
vorhaben, mehrere Weine [in mehr als vier verschiedenen Gläsern]
zu servieren, dann sollten Sie die benutzten Gläser abservieren und
neue hinstellen. Wichtig ist wieder die Symmetrie der angeordneten
Gläser. Ob diese im Dreieck, parallel zur Tischkante oder in einem
bestimmten Winkel zur Tischkante aufgereiht werden, hängt vom zur
Verfügung stehenden Platz ab [siehe Seite 141 und 179].
Darf man eigentlich verschiedene Weine nacheinander aus demselben
Glas trinken? Hier gilt die Regel, dass ein intensiverer Wein immer
auf einen leichteren Wein eingeschenkt werden kann. Sollte es sich
einmal ergeben, dass Sie einen weniger intensiven Wein in ein bereits
mit einem intensiven Wein benutztes Glas geben müssen, dann spülen
– „avinieren" – Sie es mit dem neuen Wein [zum Avinieren siehe Seite
65]. Es kann vorkommen, dass die Gläser während des Essens durch Be-
nutzungsspuren unansehnlich werden. Achten Sie darauf und wechseln
Sie sie in diesem Fall aus; wenn Sie nicht genug frische Gläser haben,
waschen Sie die gebrauchten zwischendurch ab.

Die Serviette

Zu einer festlich gedeckten Tafel gehören Stoffservietten. Ob kunstvoll gefaltet oder einfach nur gerollt [eventuell mit einem Serviettenring] – Sie werten Ihre Tafel damit in jedem Fall auf. Je nach Dekoration und Thema sind alle Farben erlaubt; klassisch und neutral sind Weiß und Beige. Die Serviette wird meistens in die Mitte zwischen Messer und Gabel gelegt. Wenn Sie einen Platzteller aufgedeckt haben, legen Sie sie darauf. Sie kann aber auch, wenn sie dort Platz hat, auf dem Brotteller präsentiert werden.

Anleitungen zum Serviettenfalten

Schiffchen

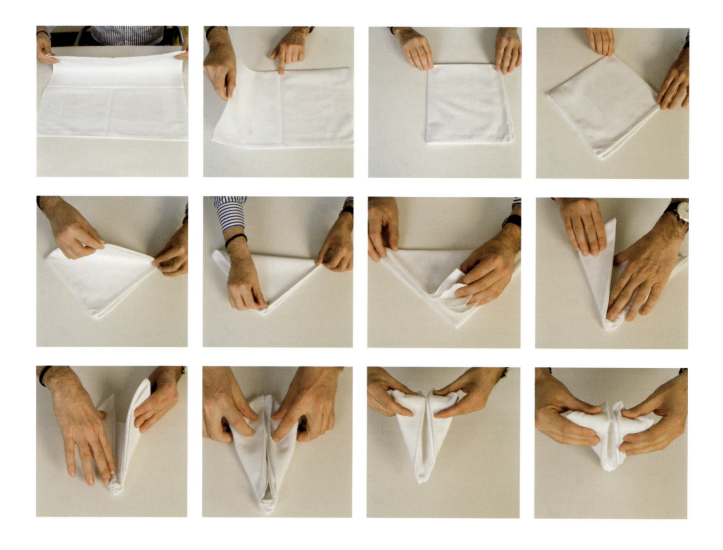

Chicorée

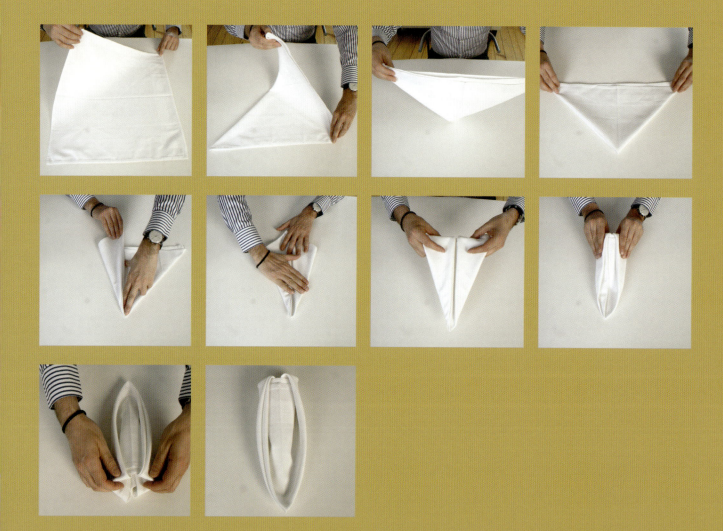

Rolle, gebunden

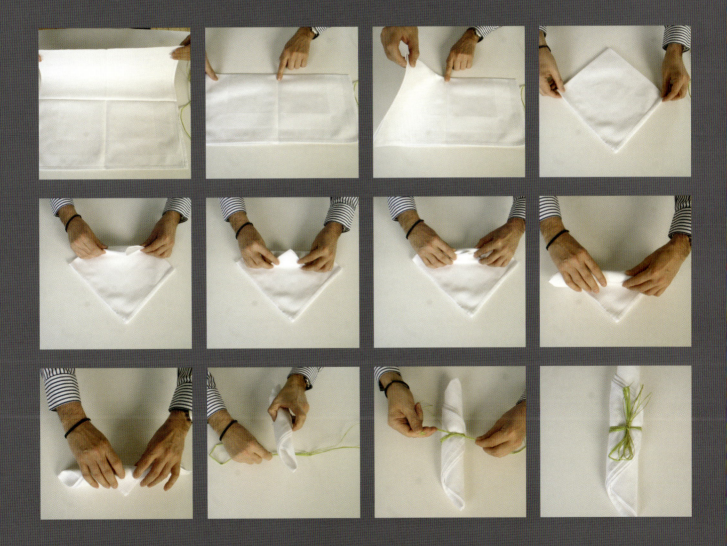

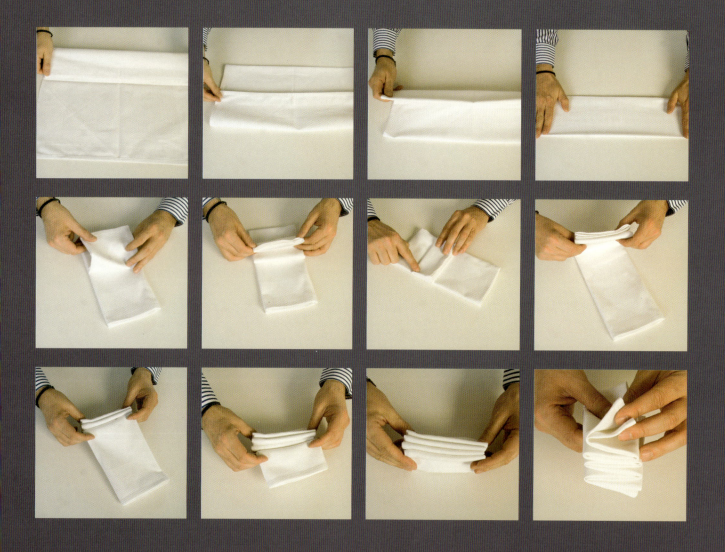

Doppelfächer

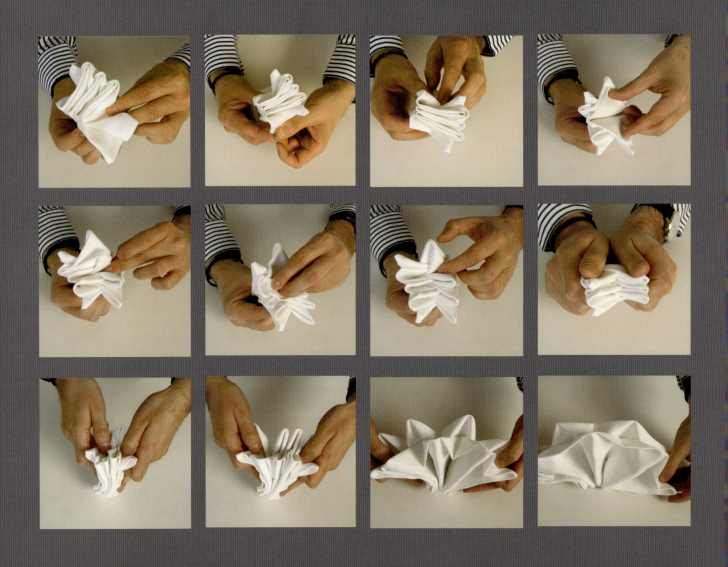

»Das Essen soll zuerst das Auge erfreuen

und dann den Magen.«
Johann Wolfgang von Goethe

Die Tisch-Dekoration

Ein schön gedeckter, großer oder kleiner Tisch ist ein gutes Mittel, Ihre Gäste zu verzaubern. Es kommt dabei darauf an, exakt und symmetrisch Teller, Gläser, Servietten und Besteck einzudecken und auszurichten. Das klassische Tisch-Setup mit weißem oder beigefarbenem Tischtuch oder Tischläufer mit passenden Servietten, Gläsern, hellem Porzellan und eventuell Silber ist zeitlos und kommt immer gut an. Kerzen sorgen für eine festliche Atmosphäre.

Darüber hinaus ist Kreativität, die stimmig ist, immer erlaubt. Hübsch sind Dekorationsmittel aus der Natur, die zum jeweiligen Thema passen: Blumen, Blätter, Muscheln, Fäden, Äste, Steine oder anderes. So passen zum Beispiel Frühlings-Knotenblumen oder Gänseblümchen, in ein Gläschen gepflanzt, zum Thema „Frühling", oder Zweige, kleine Früchte und Zierkürbisse zum Thema „Herbst". Wenn auf dem Tisch nur wenig Platz ist, sollten Sie sich darauf beschränken, kleine, themenbezogene Akzente zu setzen.

Verzichten Sie auf zu hohe Gestecke oder Dekorationen; Ihre Gäste sollten immer alle Tischnachbarn im Auge behalten können. Auch von der Farbgestaltung her sollten Sie nicht zu viel Unruhe hineinbringen. Bedenken Sie: Weniger ist mehr! Einfache und originelle Ideen begeistern oft am meisten. Wenn Sie Namensschilder verwenden, sollten diese sich in das Gesamtbild harmonisch einfügen. In diesem Buch stelle ich Ihnen einige Beispiele für Tischdekorationen vor [siehe Seite 30–37 und Seite 164].

Einige wichtige Kleinigkeiten

Musik

Die meisten Menschen mögen leise Hintergrundmusik. Überlegen Sie sich im Voraus, ob das bei Ihren Gästen auch der Fall sein dürfte. Wenn ja, bereiten Sie sich dementsprechend vor.
Musik sollte dann schon vor dem Eintreffen der Gäste angenehm im Hintergrund zu hören sein. Auch da sind natürlich die Geschmäcker verschieden. Achten Sie bei der Musikauswahl auf das Alter Ihrer Gäste. Sollte ein Thema die Auswahl erleichtern, nur zu!
Allgemein sollte es keine aufdringliche, aggressive Musik sein. Richten Sie sich Ihre CDs griffbereit her. Sie sollten mindestens vier bis fünf Stunden Abspielzeit einkalkulieren. Im Zeitalter des I-Pods und des Computers sind „Playlisten", die den gesamten Abend abgespielt werden können, ja kein Problem.

Licht

Angenehme Beleuchtung kann die Stimmung sehr heben. Sofern Sie keine raffinierten Lichtquellen eingebaut oder aufgebaut haben, können Sie sehr viel Stimmung mit Kerzen erzielen! Es muss aber so viel Licht am Tisch vorhanden sein, dass die Speisen gut erkennbar sind.

Garderobe

Achten Sie darauf, dass Sie die Möglichkeit haben, die Garderobe Ihrer Gäste gut unterzubringen.

Vasen

Für eventuell mitgebrachte Blumen sollten einige Vasen vorhanden sein.

Unterhaltung für Ihre Gäste

Sollten Sie meinen, dass Sie doch etwas länger in der Küche benötigen oder dass Ihre Gäste sich nicht so richtig unterhalten können, dann geben Sie ihnen kleine Aufgaben, z.B. ein Quiz oder ein Spiel.

Unterstützung

Wenn Sie gemeinsam mit Ihrem Partner einladen, teilen Sie die Arbeiten in Küche und Service untereinander auf. Sollten Sie allein sein und mehrere Gäste bewirten, ersuchen Sie einen Freund oder eine Freundin, Sie zu unterstützen.

Checklisten

Erstellen Sie zur Vorbereitung des festlichen Abends unbedingt Checklisten für die Lebensmittel und die Hilfsmittel, die Sie besorgen wollen, und machen Sie sich einen Zeitplan. Gehen Sie dazu gedanklich das Dinner von der ersten bis zur letzten Minute durch und notieren Sie alles, was Sie zu erledigen haben [siehe Seite 135 und 174]. Diese Checklisten sind unbedingt nötig. Je besser Sie sich vorbereiten, umso einfacher wird es und umso mehr Zeit haben Sie für Ihre Gäste!

amiden
Salz
"Fingersalz"
CEWORLD
.spiceworld.at

0/2013
de Sel,
Bohnenkraut,

5020 Salzburg

»Kochen erfordert eine
gewisse Konzentration, eine
gewisse Liebe, eine zärtliche
Aufmerksamkeit.«
Norman Mailer

Gute Lebensmittel für ein gutes Menü

Salz vom Feinsten

Salz aus dem Meer

Salz wurde in vielen Kulturen mit Gold aufgewogen – es ist lebensnotwendig und für unsere Körperfunktionen unentbehrlich. Gleichzeitig ist es ein wichtiger Geschmacksträger in unseren Speisen. In einer Überdosis kann es jedoch tödlich sein. Das meiste Speisesalz wird aus Steinsalz hergestellt; nur 30 Prozent des weltweit produzierten Salzes ist Meersalz. Dieses wird aus Meerwasser vor allem in „Salzgärten" gewonnen, also in mit dem Meer verbundenen, künstlich angelegten, flachen Becken. In ihnen verdunstet das Wasser, und das Meersalz bleibt zurück. In den Handel kommt vor allem gewaschenes, umkristallisiertes Meersalz; dieses ist für das normale Würzen von Speisen bestens geeignet, und ich empfehle es in meinen Rezepten. Doch in kleinen Mengen kommt auch ungewaschenes Meersalz in den Verkauf, das durch direktes Eindampfen des Meerwassers gewonnen wird. Zwei Sorten davon stelle ich Ihnen im Folgenden vor.

Pyramidensalz

„Pyramidensalz" zählt zu den feinsten Gourmetsalzen und wird ausschließlich zur Vollendung des Geschmacks von Speisen verwendet. Es wird z.B. an der iranischen Küste sowie an der Nordküste Indiens im Bundesstaat Gujarat gewonnen und zeichnet sich durch seine pyramidenförmigen Kristalle aus. Wegen seiner besonders feinen Struktur wird es immer erst zum Schluss auf die jeweilige Speise gegeben. Es wird nicht gemahlen, kann jedoch zwischen den Fingern leicht zerbröselt werden. Daher auch der Name „Fingersalz". Die Salzkristalle bleiben großteils erhalten, bis sie im Mund zerschmelzen. Dort entfaltet das Pyramidensalz seinen ganz besonderen Geschmack von milden, lieblichen Anfangsnuancen bis hin zum leicht bitteren, fruchtig-salzigen Nachklang und bietet so ein unverwechselbares Geschmackserlebnis.

Fleur de Sel

Die „Fleur de Sel" ist eines der teuersten und edelsten Meersalze der Welt. Die Bezeichnung ist französisch, auf Deutsch bedeutet sie „Salzblume". Wegen der ausgezeichneten Qualität wird sie auch als „Königin der Salze" bezeichnet. Sie wird z.B. in Frankreich in der Bretagne und in der Camargue gewonnen. Ihre Kristalle sind sehr ungleichmäßig in der Struktur; deshalb hat sie einen besonderen „Biss" und ist knuspriger als das normale Tafelsalz. Wie das Pyramidensalz wird sie ausschließlich zum „Parfümieren" fertiger Speisen verwendet. Sie sollte immer noch eine Restfeuchtigkeit aufweisen, nicht zu feucht und nicht zu trocken sein. Um wirklich gute Qualität zu erkennen, streuen Sie etwas Fleur de Sel in Ihre Handfläche und zerreiben sie leicht mit zwei Fingern. Je weniger grobe Körner übrig bleiben, desto hochwertiger ist das Salz. Ihren außergewöhnlichen Geschmack erhält die Fleur de Sel durch ihre Anteile an Kalzium- und Magnesiumsulfat.

Wichtig: das Zertifikat
Pyramidensalz und Fleur de Sel sind naturbelassene Produkte und werden nicht raffiniert. Deshalb spielt die Qualität des Meerwassers, aus dem sie gewonnen werden, eine wichtige Rolle. Dieses muss reich an Mineralien und frei von unerwünschten Nebenstoffen und Verschmutzungen sein. Verwenden Sie darum ausschließlich zertifiziertes Pyramidensalz oder Fleur de Sel.

www.spiceworld.at

Alles Käse!

Mit allen Sinnen genießen

Kein anderes Lebensmittel ist so vielfältig wie Käse. Mancher bevorzugt die milden, fast schon süßlichen Käse, während anderen der Käse gar nicht reif und pikant genug sein kann. Die Käsesorten können in folgende Geschmackswelten eingeteilt werden:

Mild-fein: Frischkäse und Schnittkäse

G'schmackig: Weichkäse mit weißem Edelschimmel, länger gereifte Schnittkäse mit Doppelreifung

Würzig-kräftig: Weichkäse mit Rotkultur, mit Doppelschimmel oder blauem/grünem Edelschimmel, Schnitt- und Hartkäse mit Rotkultur

Die Lust am Geschmack setzt voraus, den Genuss mit allen Sinnen – Sehen, Tasten, Hören, Riechen und Schmecken – zu erleben. Der Einsatz der fünf Sinne lässt Käse in Form, Farbe, Konsistenz, Geruch und natürlich Geschmack intensiv zur Geltung kommen. Sinnliche Käsevielfalt beinhaltet alle vier dominierenden Geschmacksnuancen – süß, sauer, bitter und salzig – und lädt auf diesem Weg zu einer unbeschreiblichen Endeckungsreise in die wunderbare Welt des Käses ein. Vom Augenschmaus bis hin zu Gaumenfreuden wird Käsegenuss somit auf die schönste Art und Weise zelebriert.

Sehen: Den heimischen Käsespezialitäten mangelt es nicht an Charakteristika, die sich in ihrer Besonderheit dem Auge präsentieren. Was wäre der Camembert ohne seinen zarten, weißen Edelschimmel oder ein Blauschimmelkäse ohne die delikaten, blauen bis grünlichen Adern?

Hören: Die unterschiedlichen Reifestadien und Käsesorten lassen sich auch durch den Klang unterscheiden. Erfahrene Käsemeister können durch Klopfen auf den Käselaib den Reifezustand des Käses erkennen. Aber auch Käsegenießer können einen Unterschied hören. Gekühlte Käsesorten haben einen anderen Klang als gut temperierte und fettreduzierte einen anderen als Vollfettkäse.

Riechen: Zunehmende Reife und Verwendung von Schimmelkulturen gehen bei vielen Käsesorten einher mit einzigartigen, unverwechselbaren Duftnoten, die Genießern Auskunft über Geschmacksintensität und Würze geben. Auch lässt sich der Unterschied zwischen Kuh-, Schaf- und Ziegenmilch riechen.

Tasten: Über die Konsistenz lässt sich durch Ertasten der Reifegrad des Käses eruieren. Und mit etwas Fingerspitzengefühl kommt der Käseliebhaber auch der optimalen Servier-Temperatur von 20 bis 22° C zum Greifen nahe, indem er den Käse rechtzeitig vor dem Verzehr aus dem Kühlschrank nimmt.

Schmecken: Der feine, facettenreiche oder auch intensive Käsegeschmack entfaltet sich auf zweierlei Art: einerseits über den Gaumen und andererseits verstärkt über die Nase. Wird beides in harmonischen Einklang gesetzt, offenbart sich Käsegenuss in Vollendung.

In Österreich hat die Firma Schärdinger die Käsekultur, vor allem in der Gastronomie, mit der „Affineur"-Käselinie mitgeprägt. Diese Bezeichnung leitet sich vom Beruf des „Affineurs" ab, der die Aufgabe hat, den Käse zum optimalen Reifezustand zu führen, ihn zu „affinieren". Dafür werden spezielle Schimmelkulturen und/oder das Behandeln der Oberfläche, beispielsweise mit Asche, Erde, Kräutern, Salz, Edelbränden oder Klöger [Heferückstände nach der Weingärung], eingesetzt.

www.schaerdinger.at

Lagerung und Pflege

Damit Sie Käse lange genießen können, sollten Sie einige grundlegende Regeln beachten. Denn Käse ist ein lebendiges Naturprodukt und ein sehr empfindliches Nahrungsmittel, da er ständig weiter reift.

Die optimale Temperatur für die Lagerung liegt zwischen 6 und 9 ° C; sie ermöglicht, dass der Käse den Reifehöhepunkt erreicht.

Unverpacktem Käse droht Austrocknen. Daher bei blauem / grünem Edelschimmelkäse Alufolie, bei allen anderen Käsesorten atmungsaktive, lebensmittelechte Klarsichtfolie verwenden.

Käse nimmt Gerüche an und gibt sie an andere Nahrungsmittel ab. Ihn deshalb gut verpackt oder in Käseglocke aufbewahren.

Temperaturschwankungen vermeiden, denn diese führen zu einer nassen Oberfläche des Käses und somit eventuell zu Fremdschimmelbildung..

Käse mindestens eine Stunde vor dem Servieren aus dem Kühlschrank nehmen, um die Entwicklung des Aromas zu ermöglichen [ausgenommen Frischkäse].

Weich- und Frischkäse möglichst in Originalverpackung lagern. Zu kühle Lagerung, Wärme oder Licht schaden der Qualität und dem Geschmack.

Tipps zur perfekten Käsepräsentation

Damit Sie Ihren Gästen den Käse so geschmackvoll wie möglich präsentieren, empfehle ich Ihnen, folgende Tipps zu beachten.

Der Anlass bestimmt die Käseauswahl. Überlegen Sie sich vor dem Käsekauf, welche Sorten am besten zum Anlass Ihres Essens oder Ihrer Feier passen. Eine zünftige Herrenrunde gibt erfahrungsgemäß kräftigeren Käsesorten den Vorzug, während die Damen eher die mild-feinen Käse wählen. Außerdem empfiehlt es sich, die richtige Menge für Ihren Einkauf schon vorher festzulegen. Als Faustregel dafür gilt: Servieren Sie Käse als Hauptspeise, sollten Sie pro Person mit ca. 180 bis 200 g rechnen. Als Dessert oder Abschluss eines mehrgängigen Menüs genügen ca. 80 bis 100 g pro Person.

Je mehr Personen, umso mehr Käsesorten: 2 bis 9 Personen: ca. 5 Sorten; 10 bis 19 Personen: ca. 8 Sorten; 20 bis 99 Personen: ca. 10 bis 18 Sorten; ab 100 Personen: 20 und mehr Sorten.

Da wir bekanntlich nicht nur mit dem Gaumen, sondern auch mit den Augen genießen, empfiehlt es sich, die Darbietung des Käses auf den Anlass abzustimmen. So passen zu einem rustikalen Rahmen z.B. Holzbretter, während man für eine festliche Galaveranstaltung Porzellan oder sogar extravagante Spiegelplatten verwenden kann.

Die Sortenauswahl sollte der Vielfalt der Geschmacksmöglichkeiten Rechnung tragen. Beim Anrichten von Käsetellern und -platten sollten Sie auf einen durchgängigen Aufbau von mild-fein bis würzig-kräftig achten. Nur so garantieren Sie Ihren Gästen den optimalen Käsegenuss.

Jede Käseplatte sollte gut in eine atmungsaktive Klarsichtfolie eingepackt sein. Damit der Käse seinen vollen Geschmack entfalten kann, sollte er bei Genuss Zimmertemperatur [ca. 18 bis 20 ° C] erreichen. Um das zu garantieren, nehmen Sie Ihre Käseplatte mindestens eine Stunde vorher aus dem Kühlschrank.

Finger weg von der Schneidemaschine! Dünn geschnittener Käse hat einige Nachteile: Er trocknet rasch aus, verliert an Geschmack, ändert die Farbe und klebt unter Umständen zusammen.

Die richtige Schneidetechnik ist entscheidend. Am besten und mühelosesten gelingt das Käseschneiden natürlich mit dem passenden Werkzeug. Die Käseharfe schneidet problemlos Frischkäse, Blau-, Grün- und Doppelschimmelkäse, ohne den zarten Teig zu beschädigen. Für Weich- und Butterkäse gibt es spezielle Weichkäsemesser, für Schnitt- und Hartkäse dementsprechend Hartkäsemesser. Schneiden Sie den Käse immer in gleich große Stücke. Versuchen Sie, den Käsestücken eine gleichmäßig-dreieckige Form zu geben. Achten Sie darauf, dass jedes Käsestück in etwa gleich viel Rindenanteil aufweist, und entfernen Sie gewachste Rinden.

So legen Sie den Käse richtig auf: Stellen Sie sich Ihre Käseplatte als Zifferblatt einer Uhr vor. Beginnen Sie bei 06:00 Uhr und bauen Sie die Käsesorten von mild bis würzig im Uhrzeigersinn auf.

Achten Sie darauf, dass die Spitzen der Käsestücke nach außen
zeigen [siehe Schärdinger Käseteller].

Weniger Garnierung ist mehr Genuss. Lassen Sie statt einer
üppigen Dekoration eher den Käse wirken, und konzentrieren Sie
die Garnierung auf einen Punkt der Platte. Passende Garnituren:
z.B. Trauben, Äpfel, Birnen, Nüsse, Kürbiskerne; kein Sauergemüse
[z.B. Essiggurken]. Durch die richtige Sortenauswahl ist das Würzen
von Käse mit Salz, Pfeffer oder Paprikapulver nicht notwendig.

Die Voraussetzungen für Käsegenuss sind die richtige Optik, die
richtige Temperatur, die richtige Geschmacksreihenfolge und die
richtige Stückgröße.

Teil
zwei

Wie plane ich ein festliches Dinner?

— *Die Praxis*

Bequem vorzubereiten: Eingemachtes & Speise-Dekorationen

Eingemachtes

Basilikumpesto

Pesti können Sie außer mit Basilikum auch mit anderen Kräutern wie Bärlauch, Rucola, Petersilie oder Rotklee herstellen.

100 g Pinienkerne
50-100 g Asmonte*
250 g frische Basilikumblätter
150-250 ml kalt gepresstes Olivenöl
1/2 TL Zucker
Meersalz und Pfeffer aus der Mühle

Pinienkerne in einer Pfanne vorsichtig hellbraun rösten. Asmonte fein reiben. Das Basilikum gut waschen, Blätter von den Stielen entfernen und mit Küchenkrepp trocken tupfen. Das Olivenöl mit allen Zutaten mit Hilfe eines Pürierstabes pürieren. In Einmachgläser füllen und mit etwas Olivenöl bedecken.

Steirisches Kürbiskernpesto

150 g Kürbiskerne
50-100 g Asmonte*
250 ml steirisches Kürbiskernöl
Meersalz aus der Mühle

Die Kürbiskerne in einer beschichteten Pfanne vorsichtig leicht braun rösten. Mit dem fein geriebenen Asmonte und dem Kürbiskernöl in einem hohen Gefäß mit dem Pürierstab fein mixen. Mit Salz abschmecken. In Einmachgläser füllen und mit etwas Kürbiskernöl bedecken.

*Österreichischer Hartkäse

Balsamicoreduktion

1/2 L Balsamicoessig
250 g Zucker

Den Balsamicoessig aufkochen und ca. 20 Min. auf die Hälfte reduzieren. Den Zucker hineinschütten und auflösen. Mit einem Löffel ein wenig Reduktion auf einen kalten Teller geben und kühlen, um die Konsistenz zu überprüfen [Gelierprobe]. Sobald diese dickflüssig ist, die Reduktion in ein Schraubglas oder eine Plastik-Spritzflasche abfüllen.

Olivenpaste

Zu mediterranen Vorspeisen, direkt auf ein Olivenbrot, zu gebratenem Fisch oder gebratenen Auberginen.

4 Knoblauchzehen
1/2 kg schwarze, entkernte
Oliven
1/8 l natives Olivenöl extra

Knoblauch schälen und in Salzwasser kurz blanchieren. Oliven in ein hohes Glas geben, etwas Olivenöl und den blanchierten Knoblauch dazugeben, mit dem Mixstab pürieren. In Einmachgläser füllen, mit ein wenig Olivenöl bedecken. Kühl lagern.

Tomatenfilets

Kalt für Salate, warm für Suppeneinlagen und viele andere Gerichte.

12 Tomaten

Tomaten kreuzweise auf der Unterseite einritzen und in heißem Wasser ca. 10 Sek. blanchieren, so dass sich die Haut gut löst und das Fleisch noch fest bleibt. Sofort nach dem Blanchieren in kaltem Wasser abschrecken. Enthäuten, vierteln, entstrunken und entkernen.

Tomaten sind nicht nur außerordentlich gesund, sie lassen sich auch wunderbar weiterverarbeiten. Sofern Sie Tomatenfilets herstellen, werfen Sie die Schalen und Kerne nicht weg, sondern kochen Sie eine Tomatensoße, die sich für viele Speisen verwenden lässt.

Tomatensoße, eingemacht

Kalt oder warm weiterverwenden.

Haut und Kerne von
18 Tomaten
1/2 Zwiebel
2 Knoblauchzehen
2 EL Noilly Prat
Meersalz und Pfeffer aus der
Mühle
1 Lorbeerblatt
1 EL Balsamico Bianco
1 TL Zucker
1 Handvoll gehacktes Basilikum
3 EL Erdnussöl
3 EL Olivenöl

½ Zwiebel und Knoblauch schälen, fein würfeln und in Erdnussöl glasig anschwitzen. Das Innere der Tomaten, die Kerne und die Haut hinzufügen. Alle weiteren Zutaten in den Topf geben und ca. 40 Min. köcheln lassen. Mit Salz, Pfeffer und Olivenöl abschmecken. Pürieren und passieren. In Einmachgläser füllen und im Wasserbad im Backofen bei 110 °C ca. 15 Min. garen.

Tomaten, ofengetrocknet

Kalt oder warm weiterverwenden.

Tomatenfilets von
18 Tomaten
2-3 Knoblauchzehen
10 frische Thymianzweige
8 EL natives Olivenöl
Meersalz und Pfeffer aus der
Mühle
1 TL Zucker
Natives Olivenöl zum
Konservieren

Knoblauch schälen und feinblättrig schneiden. 4 EL natives Olivenöl auf einem Backblech verteilen. 5 Thymianzweige auslegen und die Tomatenfilets hinzufügen. Die Knoblauchscheiben, den restlichen Thymian und das restliche Olivenöl darübergeben, mit Salz, Pfeffer und Zucker würzen. Im Backofen bei 70–80 °C 3–4 Stunden trocknen. In Einmachgläser füllen und mit nativem Olivenöl bedecken.

Tomaten-Rosmarin-Marmelade

Kann man mit diversen Gewürzen oder Kräutern abändern, z.B. mit Ingwer, Zitronengras, Basilikum, Thymian, Minze.

4 Knoblauchzehen
500 g Tomatenfilets
500 g Gelierzucker
2 Zweige Rosmarin

Knoblauch schälen und feinblättrig schneiden. Alle Zutaten und einen Zweig Rosmarin gemeinsam ca. 30 Min. leicht kochen. In Einmachgläser füllen, den zweiten Rosmarinzweig auf die Gläser aufteilen und im Wasserbad im Backofen bei 110 °C ca. 15 Min. garen. Kühl lagern.

Cherrytomaten-Marmelade

Passt, dezent eingesetzt, zu warmen Fisch- und Fleischspeisen und zu Käse.

400 g Cherrytomaten
20 g Ingwer
200 g Kristallzucker
200 g Gelierzucker
1–2 Chilischoten
1 Lorbeerblatt

Die Tomaten im Wasserbad blanchieren und nur schälen [Tomatenfilets siehe Seite 108]. Ingwer schälen* und feinwürfelig schneiden. Den Kristallzucker, den Gelierzucker und alle Zutaten langsam erhitzen, bis der Zucker leicht köchelt. Danach in Einmachgläser füllen. Kühl lagern.
*Wenn man den Ingwer wie in Asien mit dem Löffel schält, geht dabei nicht so viel verloren wie beim Schälen mit dem Messer oder dem Schäler.

Eingelegte Pilze

Mit steirischem Kürbiskernöl serviert – ein Genuss!

ca. 500 g frische Pilze
1–2 Knoblauchzehen
1–2 Chilischoten
Einlegeessig je nach Größe
der Einmachgläser
Lorbeerblätter
Senfkörner
Wacholderbeeren

Die Pilze gut putzen. Evtl. Wurmstiche ausschneiden. Knoblauch schälen und feinblättrig schneiden. Die Chilischoten waschen, halbieren und entkernen. Die Pilze in heißem Salzwasser ca. 3 Min. blanchieren. Den Einlegeessig, wie auf der Verpackung beschrieben aufkochen. In die Einmachgläser je ein Lorbeerblatt, 1 TL Senfkörner, 2 Wacholderbeeren, eine halbe Chili und eine Knoblauchzehe füllen. Die blanchierten Pilze in die Gläser geben, mit dem heißen Einlegeessig übergießen. Im Wasserbad im Backofen bei 110 °C ca. 15 Min. garen. Kühl lagern.

Pflaumen-Chutney

Zu Fischgerichten und zu Käse.

150 g Zwiebeln
2 Knoblauchzehen
300 g Pflaumen
ca. 1/2 l Weinessig
ca. 200 g Gelierzucker
ca. 200 g brauner Zucker
1 kleine Zimtstange
3 Gewürznelken
1-2 Sternanis
1-2 Chilischoten

Zwiebeln und Knoblauch schälen und in feine Würfel schneiden. Pflaumen waschen, entsteinen und halbieren. Das geschnittene Gemüse und das Obst mit dem Weinessig übergießen. Sollte der Essig zu stark sein, mit Wasser verlängern. 24 Stunden ziehen lassen. Den Essig danach abgießen [kann jetzt als Früchteessig für Salate u.a. verwendet werden]. Die Fruchtmasse abwiegen. Ihr Gewicht mit Gelierzucker und braunem Zucker im Verhältnis 1:1 aufwiegen. Die Pflaumen, den Zucker und die restlichen Zutaten bei kleiner Hitze 3–4 Stunden köcheln lassen. Danach heiß in Einmachgläser abfüllen. Kühl lagern.

Schwarze Walnüsse

Zu Wildgerichten. Die Nüsse werden im Mai/Juni grün geerntet.

1 kg grüne Walnüsse
2 Sternanis
2 Gewürznelken
1 kleine Zimtstange
200 g brauner Zucker
Wasser

Die grünen Walnüsse mit einer dickeren Nadel der Länge nach einmal durchstechen und mit einer Stecknadel rundherum einstechen. Zehn Tage wässern; dabei das Wasser zweimal täglich wechseln. Danach in Salzwasser bissfest kochen. Die Gewürze mit Zucker und Wasser über die in Einmachgläser gelegten Nüsse gießen und im Wasserbad im Backofen bei 110 °C ca. 15 Min. garen. An einem dunklen Ort bis in den Herbst reifen lassen.

Eingelegte Senfkörner

In Salaten und kalten Vorspeisen, aber auch in warmen Soßen weiterverwenden.

150 g Senfkörner
200 ml Noilly Prat
1 Lorbeerblatt
1/2 TL Meersalz

Die Senfkörner in Salzwasser blanchieren, kalt abschrecken und mit Noilly Prat, Lorbeerblatt und Meersalz würzen. Auf die Gläser aufteilen und im Wasserbad im Backofen bei 110 ° C ca. 15 Min. garen. Kühl lagern.

Paprikamarmelade

1 rote Paprika
1 gelbe Paprika
1 grüne Paprika
1 Chilischote
Kristallzucker
Gelierzucker

Die Paprika und die Chilischote waschen, entkernen und kleinwürfelig schneiden. Die Paprika- und Chiliwürfel abwiegen und ihr Gewicht mit Gelierzucker und Kristallzucker im Verhältnis 1:1 aufwiegen.
Das Gemüse und den Zucker in einem Topf langsam so erwärmen, dass der Zucker nicht braun wird. Auf kleiner Flamme köcheln lassen. Nach 5–10 Min. machen Sie die Gelierprobe. Die Marmelade sollte dickflüssig sein. Danach heiß in Einmachgläser füllen und Deckel verschließen. Kühl lagern.

Trüffelhonig

Trüffelhonig ist einfach zuzubereiten, hält mindestens ein Jahr und ist zu Käse, allen voran Frisch- und Weichkäse, ein großartiger Begleiter. Es gibt verschiedene Trüffelsorten: Sommertrüffel, Wintertrüffel, weiße und schwarze Trüffel u.v.m. Die bekanntesten sind aus Alba [Italien] und dem Périgord [Frankreich], aber auch in Istrien gibt es sehr gute Qualität. Die Chinesen haben es geschafft, Trüffeln in Kulturen zu ziehen. Diese sind geschmacklich nicht mit den zuvor angeführten vergleichbar, aber recht preisgünstig. Für den Trüffelhonig können Sie meiner Meinung nach durchaus die asiatischen Trüffeln verwenden. Lassen Sie die Trüffeln im Honig mindestens einen Monat reifen, um mehr Geschmack zu erhalten.

150 g Asia-Trüffeln
250 g Honig

Die Trüffeln mit Hilfe eines Trüffelhobels sehr fein hobeln. Danach mit einem Messer in feinste Würfel schneiden. Mit dem Honig mischen und in Einmachgläser abfüllen. Die Gläser 14 Tage lang einmal am Tag umdrehen. Vor dem Servieren den Honig durchrühren, da der Trüffel leichter als der Honig ist.

Dunkler Jus

*Bereiten Sie den Jus in einer ruhigen Stunde vor. Nachdem Sie
ihn fertiggestellt haben, füllen Sie ihn in Eiswürfel-Säckchen und
geben ihn in den Gefrierschrank. So können Sie jederzeit einen Teil
zum Vollenden von dunken Fleischgerichten verwenden.
Der Aufwand lohnt sich! Die angegebene Menge Zutaten ergibt
ca. 0,5 l Jus.*

ca. 600 g Fleischparüren
2 EL Erdnussöl
1/2 l Rotwein
1/2 l Madeira
1/4 l Portwein
1 Zwiebel
1 Karotte
1 Petersilienwurzel
1 Lorbeerblatt
1 TL Wacholderbeeren
1 EL Senf
1 EL Tomatenmark
1 l Rinderbrühe

Die Parüren in einer großen Pfanne mit Erdnussöl bei großer Hitze
braun rösten. Mit Rotwein, Madeira und Portwein wiederholt
ablöschen und rösten, um eine schöne braune Farbe zu erreichen.
Die Flüssigkeit dabei immer komplett verdunsten lassen. Die geschälte
Zwiebel mit der Karotte, der in Würfel geschnittenen Petersilienwurzel und den Gewürzen rösten, mit Alkohol ablöschen. Senf
dazugeben, rösten und ablöschen. [Sie können nach Belieben Früchte
wie Preiselbeeren, Dörrzwetschken etc. dazugeben]. Tomatenmark
hinzufügen und rösten, ablöschen und mit Rinderbrühe aufgießen.
Bei kleiner Flamme 2–3 Stunden köcheln lassen. Durch ein feines Sieb
abgießen, in Eiswürfel-Säckchen füllen und einfrieren.

Speise-Dekorationen

Frittierte Kräuter

Frittierter Rosmarin und Thymian sehen toll aus und können ohne Probleme zerbissen werden. Auch Basilikumblätter, Rucola oder Petersilie sehen nicht nur gut aus, sondern schmecken auch gut. Nach dem Einlegen der Kräuter in das erhitzte Öl den Topf sofort für einige Sekunden mit einem Deckel abdecken, da das aus den dünnen Blättern austretende Wasser stark spritzt.

Kräuter, frisch, nach Belieben
Frittieröl
Meersalz

Die frischen Kräuter im vorgeheizten Öl bei 170 °C kurz frittieren. Sie sollen kross, aber nicht braun sein. Auf Küchenpapier abtropfen lassen. Vor dem Servieren salzen.

Frittierte Rote-Rüben-Chips

Die Kartoffeln, Roten Rüben, Petersilienwurzeln u.a. entweder in dünne Scheiben schneiden und frittieren oder trocknen. Frittierte oder getrocknete Dekorationsstücke können bei längerer Lagerung weich/feucht werden. Im Backrohr bei 80 °C werden sie wieder kross.

Rote Rüben, gekocht
Frittieröl
Meersalz

Die geschälten, gekochten Roten Rüben in 2 mm dünne Scheiben schneiden und im vorgeheizten Öl bei 170 °C kurz frittieren. Sie sollen kross, aber nicht braun sein. Auf Küchenpapier abtropfen lassen. Vor dem Servieren salzen.

Getrocknete Rote-Rüben-Chips

200 g Rote Rüben, gekocht
100 g Zucker
100 ml Rote-Rüben-Saft

Die gekochten Roten Rüben in dünne Scheiben schneiden.
Den Zucker mit dem Rote-Rüben-Saft aufkochen, bis er aufgelöst ist.
Vom Herd nehmen, die Roten-Rüben-Scheiben einlegen und 30 Min.
ziehen lassen. Danach auf eine Silikonmatte legen und im Backofen
bei 80 °C 3–4 Stunden trocknen.

Getrocknete Zitrusscheiben

100 g Zucker
100 ml Wasser
2 unbehandelte Orangen
oder Zitronen

Die Zitrusfrüchte in dünne Scheiben schneiden. Den Zucker mit dem
Wasser aufkochen, bis er aufgelöst ist. Die Zitrusscheiben bei
schwacher Hitze ziehen lassen, bis die Schale glasig wird.* Danach
auf eine Silikonmatte legen und im Backofen bei 70–80 ° C 3–4
Stunden trocknen.
* Die kandierten Zitrusscheiben können schon jetzt, im weichen
Zustand, als Dekoration verwendet werden.

Getrocknete Apfel- oder Birnenscheiben

2 Birnen oder Äpfel
40 ml Zitronensaft
100 ml Wasser
100 g Zucker

Den Zucker mit dem Zitronenwasser aufkochen, bis er aufgelöst ist.
Währenddessen die Äpfel oder Birnen in dünne Scheiben schneiden.
Die Flüssigkeit vom Herd nehmen und die Obstscheiben sofort nach
dem Aufschneiden durch den Sirup ziehen, auf eine Silikonmatte
legen und im Backofen bei 70–80 °C 3–4 Stunden trocknen.

Haselnusshippen [Baisers]

Anstelle der Haselnüsse können Sie auch andere geriebene Nüsse dazugeben.

2 Eiklar
50 g Zucker
20 g gemahlene Haselnüsse
1 EL gestrichen glattes Mehl

Das Eiklar mit dem Zucker steif schlagen. Die restlichen Zutaten unterheben. Auf einer Silikonmatte ca. 2 mm dünn gleichmäßig aufstreichen. Im vorgeheiztem Backofen ca. 10 Min. bei ca. 180 °C backen, bis der Teig leicht Farbe annimmt. Auskühlen lassen und in Stücke brechen.

Sesamhippe

100 g Sesam
110 g Puderzucker
40 g glattes Mehl
Schale von einer
unbehandelten Orange
80 ml Orangensaft
70 g zerlassene Butter

Sesam, Puderzucker, Mehl und abgeriebene Orangenschale mischen. Orangensaft und Butter einrühren. Die Masse 3 Std. kühlen. Den Backofen auf 180 °C vorheizen. Das Backblech mit Backpapier belegen. Die Masse auf dem Blech verstreichen und im Backofen 10 Min. backen, bis sie Farbe annimmt. Danach rasch in Dreiecke schneiden, denn die Masse härtet beim Erkalten schnell aus.

Menü I „Mediterraner Ausflug"
– Planung und Durchführung

Thema und Einladung

Mit der Festlegung auf ein Thema geben Sie Ihrem Fest einen „roten Faden", der Ihnen bei vielen Detailentscheidungen hilft, und mit der Gestaltung der Einladungskarte stimmen Sie Ihre Gäste schon auf den festlichen Abend ein [siehe Seite 38]. Das Menü „Mediterraner Ausflug" ist für die warme Jahreszeit gedacht; daher sind in ihm erfrischende und leichte Elemente wie Gemüse und Meeresfrüchte integriert.

Menüzusammenstellung

Um Ihnen die Gedankengänge der Menüzusammenstellung und den Aufwand der Arbeit in der Küche zu veranschaulichen, präsentiere ich Ihnen hier zwei fünfgängige Menüs, die Sie zu einem achtgängigen Menü ausbauen können. Sie können sich so viele Gänge herausnehmen, wie Sie für Ihre Gäste zubereiten möchten.

Mediterraner Ausflug   Der Tisch wird mit vielen Naturmaterialien wie Kräutern, Zitrusfrüchten, Chilischoten, Knoblauchzwiebeln und Olivenzweigen dekoriert. Die Tischdecke ist aus Leinen, die Läufer aus Antikleinen und die Bänder aus Jute. Die gläsernen Platzteller werden mit einem Zitat als Umrandung verziert. Als Namenskärtchen dienen kleine Glas-Unterteller mit den Namen der Gäste. Die Laternen können Sie selbst anfertigen, indem Sie Jutebänder um Teelichter kleben. Als Klebstoff verwenden Sie dabei am besten Maizena, das Sie mit Wasser zu einer klebrigen Flüssigkeit kochen und auskühlen lassen. Zum Trocknen können Sie die Laternen z.B. verkehrt herum über Flaschen hängen. [Bezugsquellen: Platzteller und Unterteller aus Glas, Blumentöpfe mit Steinoptik und Windlichter: IKEA; Wasserkaraffen: WMF.]

Zeit*	Menü 1	Aufwand
25 min.	**Abgehoben** [1.] Gurkenrahmsüppchen mit Tatar vom Kaiser-granat	mittel
35 min.	**Schwerelos** [3.] Röllchen vom Vitello tonnato mit frittiertem Rucola	mittel
40 min.	**Gleitflug** [4.] Sautierte Jakobsmuscheln auf Zuckererbsen-Espuma und Hummerschaum	mehr
20 min.	**Bodenkontakt** [7.] Marinierte Erdbeeren und Zitrusfrüchte mit Vanillesabayon	mittel
10 min.	**Aufgesetzt** [8.] Käsebuffet mit Trüffelhonig	wenig

* Diese Zeiten geben die Vorbereitungsdauer am
Tag des Dinners an; sie setzen voraus, dass einige
der Bestandteile, wie beschrieben, bereits
vorher vorbereitet worden sind.
Die Garzeiten sind ebenfalls nicht inkludiert.

Menü 2

Zeit*		Aufwand
15 min.	**Abgehoben** [2.] Variation von Tomaten mit Ziegenkäse und Basilikumpesto	wenig
40 min.	**Gleitflug** [4.] Erbsencremesuppe mit sautierter Jakobsmuschel und Hummer- schaum	mehr
45 min.	**Landeanflug** [6.] Geschmorte Lammkeule auf orientalischer Paprikapolenta und Wirsingkohl	mehr
10 min.	**Bodenkontakt** [5.] Mangosorbet mit Orangen und Prosecco	wenig
10 min.	**Aufgesetzt** [8.] Käsebuffet mit Trüffelhonig	wenig

Zeit*	Großes Menü	Aufwand
25 min.	Abgehoben [1.] Tatar vom Kaisergranat auf Gurkenrahm und Kaviar	wenig
15 min.	Höhenflug [2.] Variation von Tomaten mit Ziegenkäse und Basilikumpesto	wenig
35 min.	Schwerelos [3.] Röllchen vom Vitello tonnato mit frittiertem Rucola	mittel
40 min.	Gleitflug [4.] Sautierte Jakobsmuscheln auf Zuckererbsen-Espuma und Hummerschaum	mehr
10 min.	Grenzenlos [5.] Mangosorbet mit Orangen und Prosecco	wenig
45 min.	Landeanflug [6.] Geschmorte Lammkeule auf orientalischer Paprikapolenta und Wirsingkohl	mehr
20 min.	Bodenkontakt [7.] Marinierte Erdbeeren und Zitrusfrüchte mit Vanillesabayon	mittel
10 min.	Aufgesetzt [8.] Käsebuffet mit Trüffelhonig	wenig

Diese Menüs sind auf einigen mit guter Vorbereitung und Planung schnell anzurichtenden Gängen aufgebaut.

Der erste Gang [1.] wird frisch zubereitet, kann aber bereits am Vortag der Veranstaltung vorbereitet werden.

Die Tomatenvariation [2.] ist mit den schon länger zuvor vorbereiteten Produkten leicht und schnell angerichtet.

Das Vitello tonnato [3.] hingegen verursacht ein wenig mehr Arbeit, die Sie jedoch ein bis zwei Tage vorher erledigen können. So ist es am Tag des Festmenüs nur noch anzurichten.

Die Jakobsmuscheln mit dem Espuma und vor allem mit dem Hummerschaum [4.] sind aufwendiger herzustellen, aber es lohnt sich!

Das erfrischende Sorbet [5.] ist im Nu angerichtet.

Die Lammkeule [6.] kann sich im Backofen durchaus Zeit lassen. Und wenn die Paprikasoße am Vortag vorbereitet wurde, ist die Fertigstellung dieses Gerichtes keine „Hexerei" mehr.

Bis auf die Vanillesabayon und das Filetieren der Zitrusfrüchte ist das Dessert [7.] relativ einfach und rasch herzurichten. Die Hippe können Sie ein bis zwei Tage zuvor backen.

Käse und Trüffelhonig [8.] sind rasch ohne großen Aufwand angerichtet.

Beim Betrachten aller drei Menüs sehen Sie, dass einige Speisen in veränderter Form zubereitet werden:

Gang [1.] wird in Menü I als kalte Suppe mit Einlage und im großen Menü als Vorspeise angerichtet.

Gang [4.] ist in Menü I als Hauptspeise, im großen Menü nach demselben Rezept in kleinerer Portion als warme Vorspeise und in Menü II als Suppe konzipiert.

Getränkeauswahl – wie finden Sie den passenden Wein?

Zu unserem Menü benötigen wir die korrespondierende Weinbegleitung. Der Charakter des Geschmacks der Speisen bestimmt bekanntlich, welcher Wein dazu passt. Wenn Sie nicht so weinkundig sind, lassen Sie sich von einem Sommelier [geprüften Weinkenner] in einer Vinothek Ihres Vertrauens Weine zu Ihren Speisen empfehlen. Als Beispiel nenne ich Ihnen im Folgenden für jeden Gang einen konkreten, passenden Wein.

Der erste Gang

Kaisergranat [elegant, fein, süßlich]
Gurkenrahm [weich, mild, cremig, frisch]
Kaviar [leicht salzig]

elegant + fein + süßlich + weich + mild + cremig + frisch + leicht salzig
= der passende Weincharakter

Allgemein: ein leichterer, trockener, fruchtiger Grüner Veltliner oder ein weißer Burgunder mit guter Würze und etwas cremiger Textur, 2–3 Jahre Flaschenreife, ohne Holz
Beispiel: Weißburgunder Ratsch, Stefan Potzinger, Südsteiermark

Der zweite Gang

Getrocknete Tomaten [reif, aromatisch, würzig, fruchtig und salzig]
Ziegenkäse [würzig]
Basilikumpesto [salzig, kräutrig]

reif + aromatisch + würzig + fruchtig + salzig + kräutrig
= der passende Weincharakter

Allgemein: ein fruchtiger, trockener Riesling, aber auch ein Muskateller oder ein Sauvignon Blanc mit einer Aromatik von reifen Trauben
Beispiel: Muskateller Steil-Sausal, Hannes Harkamp, Südsteiermark

Der dritte Gang

Vitello/Kalbfleisch [mild, würzig]
Thunfischsauce [mild, würzig, cremig, leicht gesäuert]

mild + würzig + cremig + leicht gesäuert
= der passende Weincharakter

Allgemein: ein kräftiger, trockener Grüner Veltliner mit dichtem Körper und stützender Säure oder ein Pinot Noir mit wenig Holz und wenig Tanninen, gut gekühlt [16 °C]
Beispiel: Grüner Veltliner, Federspiel, Rudi Pichler, Niederösterreich, oder ein Pinot Noir, Winkler-Hermaden, Südoststeiermark

Der vierte Gang	Jakobsmuschel [süßlich, cremig]
	Zuckererbsen-Creme [vegetabil, cremig]
	Hummerschaum [süßlich, buttrig]

süßlich + cremig + vegetabil + buttrig
= der passende Weincharakter

Allgemein: ein reifer, trockener, cremiger Jahrgangssekt oder Champagner oder ein Weißburgunder mit feiner, gereifter Frucht und cremiger Textur, 2–4 Jahre Flaschenreife, ohne Holzdominanz
Beispiel: Weißburgunder Kogelberg, Hannes Harkamp, Südsteiermark

Das Sorbet [5.]   Ein erfrischender, trockener Prosecco

Der sechste Gang   Lammkeule [leicht süßlich-würzig]
Paprikapolenta [fruchtig]
Kohlgemüse [vegetabil-würzig]

leicht süßlich-würzig + fruchtig + vegetabil
= der passende Weincharakter

Allgemein: ein würziger Zweigelt oder eine würzige Cuvée mit reifer Frucht und samtigem Charakter oder ein kräftiger, reifer, trockener Chardonnay mit leichten Holznoten
Beispiel: Cuvée de Merin, Weingut Neumeister, Südoststeiermark
oder Morillon Ratscher Nußberg, Weingut Gross, Südsteiermark

Das Dessert [7.]   Marinierte Erdbeeren [süß-fruchtig]
Zitrusfrüchte [herb-fruchtig, leicht würzig]

süß-fruchtig + herb-fruchtig + leicht würzig
= der passende Weincharakter

Allgemein: eine Beerenauslese, etwas säurebetont, da das Dessert nicht sehr süß ist, oder ein fruchtiger Sekt oder Champagner
Beispiel: Cuvée Beerenauslese [Welschriesling/Chardonnay], Weinlaubenhof Kracher, Burgenland, oder Blaufränkisch Rosé Brut, Albert Gesellmann, Mittelburgenland

Die Käsevariation [8.]   Hier kommt eine Vielfalt von Geschmacksnuancen vor, vom milden bis zum kräftigen und salzigen Käse; es ist kaum möglich, dazu einen „Alleskönnerwein" zu empfehlen. Wie Sie wissen, geht es um die

Charaktere der Speisen, in diesem Fall um Ihre Auswahl von Käsesorten. Versuchen Sie selbst, diese geschmacklich zu definieren und
den passenden Wein dazu zu finden! Dieser kann sowohl ein Rotwein
als auch ein Weißwein sein.

Viel Spaß beim Ausprobieren!

Vorbereitung mit Checklisten

Die Ausgangspunkte für Ihre gesamte Veranstaltung sind das Thema, das Menü und der Wein!

Für Ihre Vorbereitungen erstellen Sie:
eine Einkaufsliste für die Lebensmittel,
eine allgemeine Checkliste für die Hilfsmittel,
einen schriftlichen Zeitplan.

Zum Beispiel Gang [1.] [siehe Seite 184]

Die Kaisergranate kommen mit der Gurke, dem Sauerrahm, dem Kaviar, dem Schnittlauch und dem Weißbrot auf die Einkaufsliste. Auf den Zeitplan kommt die Eintragung, wann Sie die Produkte besorgen und vorbereiten. Die Krustentiere z.B. werden schon am Vortag ausgenommen, pariert und fein geschnitten. Außerdem denken Sie über das Besteck und das Geschirr nach, das Sie für diesen Gang brauchen. Sollten Sie dafür alles zu Hause haben, gehen Sie zum zweiten Gang über.
Sind bestimmte Messer, Teller usw. nicht vorhanden, kommen diese auf die allgemeine Checkliste. Ob Sie Fehlendes kaufen oder ausborgen wollen, bleibt Ihnen überlassen.
Der Wein wird z.B. in Weißwein-/Chardonnaygläsern serviert. Sind diese vorhanden?

Wir fassen zusammen: Wenn Sie Ihr Menü mit den Weinen ausgewählt haben, machen Sie sich Gedanken
worauf und wie Sie jeden einzelnen Gang servieren,
welches Weinglas, Besteck usw. benötigt wird,
was Sie noch wann einkaufen sollten,
wie und wann Sie Ihr Rezept umsetzen und anrichten.

Gehen Sie gedanklich auch alle Schritte von der Einladung bis zur Verabschiedung durch. Je besser Sie Ihre Vorbereitungen organisieren, desto mehr Zeit haben Sie für Ihre Gäste.

Überlegen Sie sich genau:
Wann und wie gestalte ich Einladungen, Menükarte, Namenskärtchen?
Sind Tischtuch, Molton, Servietten vorhanden und in gutem Zustand?
Welches Material brauche ich für die Dekoration?
Wann und wo besorge ich es?
Wie sieht es an der Garderobe aus? Ist genügend Platz für Mäntel, Jacken, Schuhe/Hausschuhe, Regenschirme?

Habe ich Vasen parat?

Habe ich genug passende Hintergrundmusik?

Wo kann ich die Lebensmittel und den Wein lagern und kühlen?

Wann muss ich den Wein dekantieren?

Wann muss ich die Teller wärmen?

Wann muss ich Besteck nachdecken?

Zum Beispiel:
Checklisten für Menü I

Einkaufsliste für die
Lebensmittel

Getränke:

Noilly Prat [zum Kochen]

Sekt [als Aperitif]

Leichter Weißburgunder [zum Gurkenrahmsüppchen]

Grüner Veltliner [zum Vitello tonnato]

Gehaltvoller Weißburgunder [zu den Jakobsmuscheln]

Beerenauslese [zu den marinierten Erdbeeren]

je 1 Rot- und/oder Weißwein zum Käse

Mineralwasser

Auf dem Markt

Gemüse:

Rote Zwiebeln, gelbe Zwiebeln, Schnittlauch, Gurken, Knoblauch, Limette, Rucola, Sellerie, Lauch, Stangensellerie, Kartoffeln, Jungerbsen, Zuckererbsenschoten, Kresse, Erdbeeren, Grapefruits, Mandarinen, Zitronenthymian, Minze

Milchprodukte:

Sauerrahm, Crème fraîche, Milch, Sahne, Butter, Käse von mild bis würzig

Im Supermarkt

Kaisergranate, Jakobsmuscheln, 1 Dose Thunfisch, Eier, natives Olivenöl, Erdnussöl, Balsamico Bianco, Mayonnaise, Meersalz, Pfeffer, Senf, Kapern mit Stiel, mediterrane Gewürzmischung, Vanillestangen, Sahnekapseln, geriebene Haselnüsse

Beim Fleischer

Kalbsnuss

Allgemeine Checkliste für die Hilfsmittel

Einkaufen

Haushaltswarengeschäft
6 Weißweingläser

Papiergeschäft
Buntes Papier für die Menükarten und die Namenskärtchen

Ausleihen

Je 6 Dessertlöffel und -gabeln [von G.], Molton [von W.]
Kerzen, Kerzenleuchter, Stoffservietten, Tischdecke [von Mutti]

Zeitplan

Montag

Getränke einkaufen und kühlen
Menükarten und Namenskärtchen schreiben

Dienstag

Deko aus dem Ferienhaus holen
Zubehör von G., W. und Mutti holen
Haushaltswarengeschäft
Papiergeschäft

Mittwoch

Einkauf Markt, Supermarkt, Fleischer, Gärtner

Donnerstag

Kaisergranate ausnehmen
Fond kochen
Fleisch parieren
Vitello anbraten
Thunfischsoße fertigstellen
Kartoffeln kochen und reiben
Tischtuch bügeln
Servietten falten
Tisch decken
Kerzen aufstellen

Freitag = Tag X

Gemüse schmoren
Lamm schmoren
Teller wärmen
Menüvorbereitung nach den Rezepten

Tisch-Setup

*Je nach Menü- und Weinauswahl decken Sie den Tisch. Wie Sie
bei der Weinauswahl gesehen haben, kann durchaus ein Weißwein
und genauso gut ein Rotwein zu einem Gericht passen. Ich habe
bei den folgenden Menüzusammenstellungen bewusst Weißwein
zu dunklem Fleisch ausgesucht.*

Menü 1

Besteck
Mit der Hauptspeise [4.] beginnend, decken Sie das Fischbesteck ein:
links die Gabel und rechts das Messer neben den größten Speiseteller.
[Sollten Sie kein Fischbesteck zur Verfügung haben, können Sie auch
Gabel und Löffel eindecken. Die Jakobsmuschel kann leicht mit Löffel
und Gabel geteilt werden, und für das cremige Püree ist der Löffel
sehr gut geeignet.]
Für das Vitello tonnato [3.] benötigen Sie links eine Vorspeisengabel,
die hochgezogen wird, und rechts ein Vorspeisenmesser.
Für die Suppe mit dem Tatar vom Kaisergranat als Einlage [1.] legen
Sie einen Löffel auf die rechte Seite.
Für die Erdbeeren [7.] werden Dessertgabel und -löffel waagerecht
über bzw. zwischen die anderen Besteckteile gelegt.
Das Käsebesteck – Vorspeisenmesser und -gabel – wird nach dem
Abservieren des Desserts nachgedeckt [8.].

Gläser
Über dem Fischmesser für die Hauptspeise [4.] wird ein Burgunder-
glas eingestellt.
Zur Vorspeise [3.] reichen Sie einen klassischen Weißburgunder und
benötigen dafür ein Weißweinglas.
Den Weißwein zur Gurkensuppe [1.], in diesem Falle einen Grünen
Veltliner, können Sie ebenfalls in dieses Glas eingießen. Darunter wird
das Wasserglas gestellt.
Für das Dessert [7.] wird ein Süßweinglas hinter dem Burgunderglas
ein- oder nachgedeckt, oder das Weißweinglas verwendet.
Zum Käse [8.] reichen Sie den passenden oder gewünschten Wein im
entsprechenden Rotwein- oder Weißweinglas. Natürlich können Sie
die bereits benutzten Gläser verwenden. Beachten Sie jedoch, welcher
Wein zuvor in diesem Glas war [siehe Seite 65].

Menü 2

Besteck

Für das Lamm [6.] legen Sie das Messer des Tafelbestecks auf die linke und die Gabel auf die rechte Seite.

Für die Erbsencremesuppe [4.] benötigen Sie einen Löffel, denn die Jakobsmuschel kann mit dem Löffel geteilt werden.

Für die Tomatenvariation [2.] wird eine Gabel links hochgezogen und rechts ein Messer eingedeckt.

Ob das Sorbet [5.] mit einem Kaffeelöffel oder einem Cocktaillöffel gegessen wird, hängt von der Höhe des Glases ab, in dem Sie es servieren; in jedem Fall wird der Löffel waagerecht über bzw. zwischen die anderen Besteckteile gelegt, wobei der Stiel des Löffels auf die rechte Seite zeigt.

Das Käsebesteck – Vorspeisenmesser und -gabel – wird nach dem Abservieren des Desserts nachgedeckt [8.].

Gläser

Für das Lamm [6.] haben Sie einen opulenten Chardonnay ausgesucht. Daher wird über dem Tafelmesser ein voluminöses Burgunderglas eingedeckt.

Für die Jakobsmuschel mit dem cremigen Erbsenpüree [4.] wird ein größeres Weißweinglas neben oder leicht schräg unter dem Burgunderglas eingedeckt.

Das kleinere Weißweinglas zur Tomatenvariation [2.] wird schräg darunter eingestellt, darunter das Wasserglas.

Für das Dessert [5.] wird ein Süßweinglas hinter das Burgunderglas gestellt oder das kleinere Weißweinglas wieder verwendet.

Zum Käse [8.] reichen Sie den passenden oder gewünschten Wein im entsprechenden Rotwein- oder Weißweinglas. Natürlich können Sie die bereits benutzten Gläser verwenden. Beachten Sie jedoch, welcher Wein zuvor in diesem Glas war [siehe Seite 65].

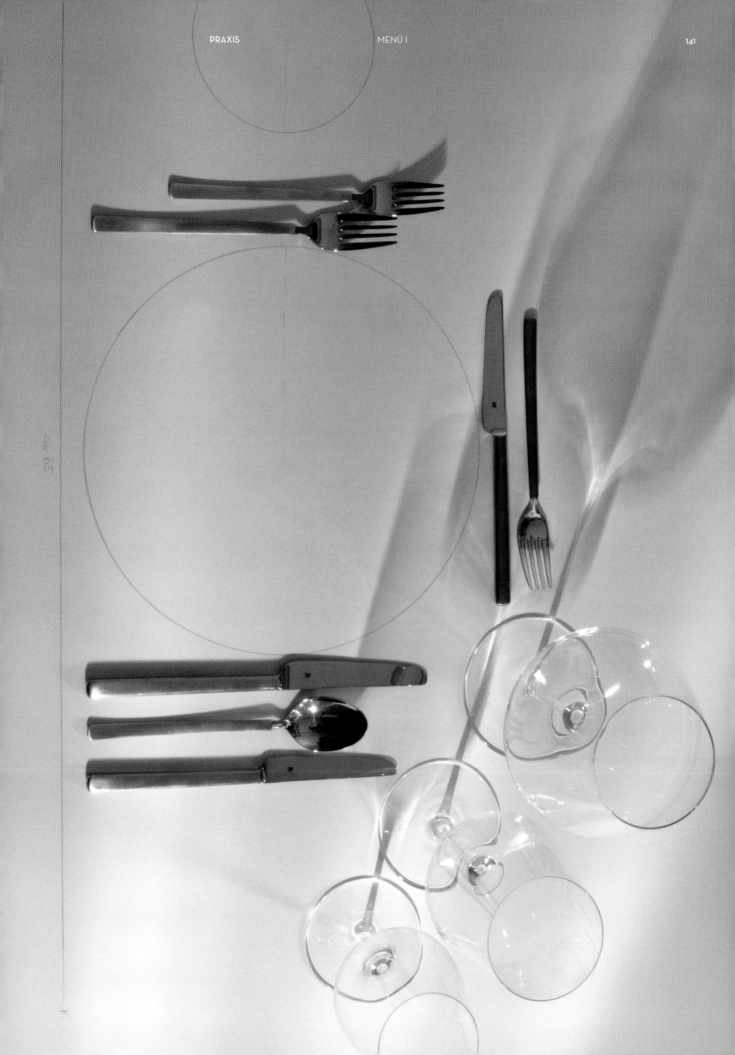

Das große Menü

Besteck

Für das Lamm [6.] legen Sie das Messer des Tafelbestecks auf die linke
und die Gabel auf die rechte Seite.

[Ob das Sorbet [5.] mit einem Kaffeelöffel oder einem Cocktaillöffel gegessen wird, hängt von der Höhe des Glases ab, in dem Sie
es servieren; in jedem Fall wird der Löffel zusammen mit dem Sorbet
eingedeckt.]

Für die Jakobsmuschel mit dem Erbsen-Espuma [4.] decken Sie eine
Gabel links hochgezogen und ein Fischmesser rechts neben dem
Tafelmesser ein.

Für das Vitello tonnato [3.] benötigen Sie links eine Vorspeisengabel,
die hochgezogen wird, und rechts ein Vorspeisenmesser.

Für die Tomaten [2.] sowie das Tatar vom Kaisergranat [1.] werden
jeweils Vorspeisenmesser und -gabel benötigt, aber nur mehr einmal
eingedeckt, wobei das Messer auf der rechten Seite angelegt und die
Gabel links nach unten platziert wird. Da Sie ja nur vier Besteckteile links
und rechts vom Teller vorbereiten können, müssen einmal Messer und
Gabel nachgedeckt werden.

Für die Erdbeeren [7.] werden Dessertgabel und -löffel waagerecht
über bzw. zwischen die anderen Besteckteile gelegt.

Das Käsebesteck – Vorspeisenmesser und -gabel – wird nach dem
Abservieren des Desserts nachgedeckt [8.].

Gläser

Sie beginnen wie immer mit dem Weinglas über dem Tafelmesser der
Hauptspeise [6.]. In diesem Fall ist dies ein voluminöses Burgunderglas,
das gut zu dem kräftigen Chardonnay passt.

Zur Jakobsmuschel [4.] wird kein zusätzliches Glas benötigt, da Sie
einen reifen, cremigen Weißburgunder ausgesucht haben. Dafür
können Sie das bereits für das Lamm eingedeckte Burgunderglas
verwenden. Für die restlichen Vorspeisen [3.] [2.] [1.] ein oder zwei
Weißweingläser daneben oder darunter, leicht versetzt, aufdecken,
darunter das Wasserglas.

Wenn Sie über ein Dessertweinglas verfügen, platzieren Sie es hinter
dem Burgunderglas. Wenn nicht, können Sie ein zuvor verwendetes
Weißweinglas als Dessertweinglas verwenden [7.].

Zum Käse [8.] reichen Sie den passenden oder gewünschten Wein im
entsprechenden Rotwein- oder Weißweinglas. Natürlich können Sie
die bereits benutzten Gläser verwenden. Beachten Sie jedoch, welcher
Wein zuvor in diesem Glas war [siehe Seite 65]. Die Gläser, die nicht
mehr verwendet werden, sollten abserviert werden. Das Wasserglas
bleibt in jedem Fall stehen.

Rezepte und Anrichten   *Alle Rezepte sind für 4 Personen berechnet.*

Tatar vom Kaisergranat auf Gurkenrahm und Kaviar

Kaisergranate, eine Art Krebse, haben einen sehr feinen und süßlichen Geschmack, der an den von Flusskrebsen erinnert. Sie werden meist als Ganzes verkauft. Aus dem Panzer und den Füßen kochen wir einen Fond, der bei einem anderen Gang, Jakobsmuschel mit Erbsencreme [4.], verwendet wird. Anstelle der Kaisergranate können Sie auch Garnelen verwenden. Dieses Gericht ist schnell zuzubereiteten und an heißen Tagen in Kombination mit den Rahmgurken sehr erfrischend. Eine kalte Gurken-Rahm-Suppe mit einem Tatar vom Kaisergranat als Einlage ist eine interessante und köstliche Variante.

1

1 kg Kaisergranate im Ganzen
1 EL fein gewürfelte, rote Zwiebel
1 EL fein geschnittener Schnittlauch
2 EL natives Olivenöl
1 EL Balsamico Bianco
Meersalz und Pfeffer aus der Mühle

Die Schwänze der Granate ausbrechen. Mit einer Schere am unteren Teil des Schwanzes den weicheren Panzer aufschneiden und das Fleisch vorsichtig herauslösen. Mit dem Messer 2 mm tief den oberen Bereich des Schwanzstücks der Länge nach aufschneiden und den Darm entfernen. Das reine Fleisch fein in kleine Würfel schneiden. Mit den sehr fein in Würfel geschnittenen Zwiebeln, dem Schnittlauch, Olivenöl, Essig, Salz und Pfeffer vermengen und abschmecken.

2

Fertigstellen
2 EL Sauerrahm
2 EL Crème fraîche
Meersalz und Pfeffer aus der Mühle
Natives Olivenöl
1 Gurke
60 g Forellenkaviar
Schnittlauch

Sauerrahm und Crème fraîche miteinander mischen und mit Salz und Pfeffer sowie ein wenig Olivenöl würzen. Die Gurke waschen und in dünne Scheiben schneiden. Die Sauerrahmmischung in die Mitte des Tellers setzen. Die Gurkenscheiben darüber auffächern und nochmals mit Rahm überziehen. Das Tatar mit Hilfe von zwei Suppenlöffeln zu einem Nockerl formen und darüber setzen. Mit Forellenkaviar und Schnittlauch garnieren.

Kalte Gurken-Rahm-Suppe

1

6 Gurken
Meersalz und Pfeffer aus der
Mühle
1/16 l natives Olivenöl
1 EL Balsamico Bianco
4 EL Sauerrahm
2 EL Crème fraîche

Gurken waschen und mit der Schale im Entsafter entsaften oder fein
schneiden und mit dem Pürierstab pürieren. Salzen, kurze Zeit stehen
lassen und durch ein feines Sieb passieren. Restliche Zutaten dazugeben und alles nochmals aufmixen. Mit Salz und Pfeffer abschmecken.

2

Fertigstellen
Tatar vom Kaisergranat
[siehe Seite 144]
60 g Forellenkaviar
Natives Olivenöl
Kresse

Die Suppe in einen Teller füllen. Das Tatar vom Kaisergranat mit Hilfe
von zwei Suppenlöffeln zu einem Nockerl formen und in die Suppe
legen. Mit Forellenkaviar, nativem Olivenöl und Kresse garnieren.

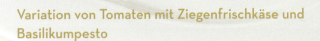

Variation von Tomaten mit Ziegenfrischkäse und Basilikumpesto

*Die ganz schnelle Variation dieser Speise ist einfach vorzube-
reiten und gut: Die eingelegten, getrockneten Tomatenfilets, die
eingemachte Tomatensoße und das vorbereitete Basilikumpesto
werden mit gerösteten Pinienkernen, Ziegenfrischkäse, nativem
Olivenöl und frischem Basilikum nur noch angerichtet. Für die ein
wenig aufwendigere Variante schmoren Sie zuvor rote und gelbe
Cocktailtomaten, Knoblauchzehen und Champignons mit frischem
Thymian und Rosmarin.*

1

100 g rote Cocktailtomaten
100 g gelbe Cocktailtomaten
100 g Champignons
12 Knoblauchzehen mit der
Schale
Rosmarin und Thymian
Meersalz aus der Mühle
2 EL natives Olivenöl

Das Gemüse waschen. Die Champignons grobblättrig schneiden,
mit allen Zutaten in eine beschichtete Bratpfanne geben und im
Backofen bei 150 °C ca. 45 Min. schmoren. [Eventuell mit 2–3 EL
Noilly Prat aufgießen.]

2

Fertigstellen

2 EL Tomatensoße
2 EL Basilikumpesto
16 Stk. getrocknete Tomatenfilets [alle drei siehe Seite 110]
80 g Ziegenfrischkäse
frischer Thymian

Die Soße und das Pesto auf dem Teller verteilen. Alle anderen Zutaten
nebeneinander anordnen. Den Frischkäse mit Hilfe von zwei Tee-
löffeln zu einem Nockerl formen und auf dem Teller anrichten. Mit
frischen Kräutern garnieren.

Röllchen vom Vitello tonnato mit frittiertem Rucola [Hommage à Gingi]

Es gibt verschiedene Rezepte für den italienischen Klassiker „Vitello tonnato" [Kalbfleisch mit Thunfisch]. Das wohl unkomplizierteste habe ich in dem bezaubernden Feinschmeckerrestaurant „Zur Hube" bei Gingi Peez-Petz in der Südsteiermark kennengelernt. Ich habe es nur leicht abgeändert: Die Soße kann schon drei Tage im Voraus zubereitet und das Fleisch einen Tag zuvor gebraten werden. Somit wird es am Tag Ihrer Veranstaltung nur noch angerichtet.

1

ca. 600 g Kalbsnuss, pariert
1 EL Senf
Meersalz und Pfeffer aus der Mühle
2 EL Erdnussöl
5 Knoblauchzehen
1 EL mediterrane Kräutermischung
2 EL natives Olivenöl

Das Fleisch zart mit dem Senf einreiben. Rundherum mit Salz und Pfeffer gut würzen und in einer Pfanne mit Erdnussöl an allen Seiten scharf anbraten. Das Fleisch herausnehmen und auf die Knoblauchzehen in eine Bratpfanne legen. Mit den Kräutern und dem Olivenöl würzen. Mit dem Kerntemperaturmesser versehen und im Backofen bei ca. 55–70 °C Ofentemperatur garen. [Diese ist von Ofen zu Ofen unterschiedlich; siehe Seite 198.] Eine Kerntemperatur von 45 °C halten; wenn nötig, die Ofentemperatur verändern. 2 1/2 Stunden braten, herausnehmen und kalt stellen.

2

1 Dose Thunfisch [300 g]
250 g Mayonnaise
1 kleines Glas Kapern mit Stiel
2 EL natives Olivenöl
Saft einer halben Limette
Meersalz und Pfeffer aus der Mühle

Den Thunfisch, die Mayonnaise, den Saft der Kapern, das Olivenöl und den Saft der Limette gemeinsam pürieren. Mit Salz und Pfeffer abschmecken. Die Masse mit Hilfe eines feinen Siebes passieren. Die Flüssigkeit getrennt von der im Sieb zurückbleibenden Farce aufbewahren.

3

100 g Rucola
1/4 l Öl

Den Rucola bei ca. 170 °C 1–2 Min. in einem Topf frittieren. Achtung: Nach dem Einlegen der Blätter sofort für einige Sekunden mit einem Deckel abdecken, da das aus den Blättern austretende Wasser stark spritzt. Nicht braun werden lassen, auf Küchenpapier abtropfen lassen und trocken lagern.

4

Fertigstellen
8 halbierte Stilkapern
8 Scheiben Limetten
Fleur de Sel

Das Fleisch in dünne Scheiben schneiden. Die Farce daraufgeben und das Fleisch einrollen. Die Soße auf die Teller verteilen, die Röllchen mittig anrichten und mit Kapernbeeren, Rucola und Limette garnieren. Ein wenig Fleur de Sel über den Rucola geben.

Sautierte Jakobsmuschel auf Zuckererbsen-Espuma und Hummerschaum

Der feine, zarte, süßliche Geschmack der Jakobsmuschel und die ebenso feinen und süßlichen Aromen der Jungerbsen harmonieren großartig mit dem Hummerschaum. Wenn Sie das Gericht als Hauptspeise servieren, sollten Sie zwei bis drei Jakobsmuscheln pro Person rechnen; für die Vorspeise genügen ein bis zwei. Die Jakobsmuscheln sollen scharf auf beiden Seiten angebraten werden; innen sollen sie glasig bleiben. Die Karkassen von den Kaisergranaten [1.] werden für den Hummerschaum verwendet. Den Fond dafür setzen Sie gleich nach dem Ausnehmen des Fleisches der Kaisergranate an. Das Püree bekommt in der iSi-Flasche eine einzigartige Cremigkeit, die nur so erzielt werden kann. In der modernen Küche werden Gerichte mit solch einer schaumigen Konsistenz als „Espuma" bezeichnet. Wenn es die Zeit zulässt, empfiehlt es sich, den Bratensaft von der Jakobsmuschel mit Brot auszutunken. Servieren Sie, wenn Sie möchten, je ein Stück Brot Ihren Gästen – der Geschmack ist köstlich!

Zur Zubereitung von Espumas mit Hilfe der iSi-Flasche siehe www.isi.at

1

20 g Sellerie
50 g Weißes vom Lauch
20 g Stangensellerie
30 g Zwiebel
1 kleine Knoblauchzehe
1/2 l Wasser
1/8 l Noilly Prat
ca. 3/4 kg Karkassen
8 weiße Pfefferkörner
1 Nelke, 1 Lorbeerblatt
1/4-1/2 l Fischfond
ca. 1/8 l Milch
Meersalz und Pfeffer aus der
Mühle

Das Gemüse waschen. Die Zwiebel und den Knoblauch schälen. Alles klein würfelig schneiden. Wasser und Noilly Prat mit allen Zutaten ansetzen und langsam auf die Hälfte reduzieren. Abschmecken. Sollte der Geschmack der Nelke zu intensiv werden, diese entfernen. Mit dem Fischfond aufgießen und nochmals reduzieren. Danach sieben und den Fond mit gleich viel Milch auffüllen. Mit Salz und Pfeffer abschmecken.

2

400 g mehlige Kartoffeln
1 TL Salz
1/4 kg Jungerbsen
200 ml Wasser
1/8 l Sahne
1/16 l Milch
Meersalz und Pfeffer aus der
Mühle
Muskatnuss
1 EL Butter
2 Sahnekapseln

Kartoffeln waschen, in Salzwasser weich kochen, schälen und durch ein feines Sieb pressen. Die Jungerbsen in 200 ml heißem Salzwasser kurz blanchieren. Einen EL Erbsen für die Dekoration aufbewahren. Vom Erbsenwasser 100 ml aufbewahren. Die Erbsen pürieren und durch ein feines Sieb passieren. Erbsenwasser, Sahne und Milch leicht erhitzen und das Kartoffelpüree einrühren. Mit Salz, Pfeffer, Muskat und Butter abschmecken. Zum Schluss das Erbsenpüree unterrühren. Mit Hilfe eines Trichters in die iSi-Flasche füllen, mit zwei Kapseln aufschäumen, gut schütteln und bei 60 °C warm stellen.

3

1 EL geklärte* Butter
4-8 große Jakobsmuscheln
Meersalz
1 EL Erbsen
30 g Zuckererbsenschoten

In einer beschichteten Pfanne die geklärte Butter erhitzen. Die mit Meersalz gewürzten Jakobsmuscheln beidseitig scharf anbraten, bis sie Farbe bekommen. Innen sollen die Muscheln glasig bleiben. Knapp vor dem Garwerden der Muscheln die Erbsen und die Zuckererbsenschoten kurz in der Pfanne durchschwenken.

*Zum Klären die Butter erhitzen, bis sie flüssig wird; danach vorsichtig die klare Schicht abgießen. Den weißen Teil, der sich absetzt, anderweitig verwenden, z.B. für das Kartoffelpüree. Geklärte Butter verbrennt nicht so schnell und ist höher erhitzbar, da die Trübstoffe, die rasch anbrennen, entfernt wurden.

4

Fertigstellen
Olivenöl
Fleur de Sel

Das Espuma aus der iSi-Flasche in einen tiefen Teller füllen. Die Muscheln in die Mitte legen und mit Erbsen und Zuckererbsenschoten garnieren. Die Hummersoße mit dem Pürierstab aufschäumen und darübergeben. Mit Olivenöl und Fleur de Sel dekorieren.

Erbsencremesuppe

*Die Erbsencremesuppe bereiten Sie im Prinzip wie die Erbsen-
Espuma vor, verzichten jedoch auf die Kartoffel. Zusätzlich benötigen Sie einen EL Butter und einen EL Mehl.*

Die Jungerbsen in 200 ml heißem Salzwasser kurz blanchieren. Einen
EL Erbsen für die Dekoration aufbewahren. Vom Erbsenwasser 100 ml
aufbewahren. Die Erbsen pürieren und durch ein feines Sieb passieren.
Die Butter schmelzen und das Mehl bei schwacher Hitze hineinrühren.
Mit Erbsenwasser, Sahne und Milch aufgießen und ständig rühren, so
dass keine Klumpen entstehen. Mit Salz und Pfeffer abschmecken.
Zum Schluss das Erbsenpüree unterrühren.

Mangosorbet mit Orangen und Prosecco

200 g Mangosorbet
2 Orangen
Minze
0,4 l Prosecco

Die Orangen mit einem Messer filetieren. Das Mangosorbet in Gläser Ihrer Wahl füllen. Mit den Orangenspalten und der Minze garnieren. Den Prosecco erst vor den Gästen in das Sorbetglas gießen, da es nur kurz, aber stark aufschäumt.

Geschmorte Lammkeule – perfekt gegart

Das Schmoren ist eine tolle Art des Garens, die für all die anderen Arbeiten in der Küche mehr Zeit lässt. Es ist eine Kombination der Garmethoden Braten, Kochen und Dünsten. Geschmort wird vor allem langfaseriges und bindegewebshaltiges Fleisch, das beim Braten zäh würde, z.B. Keule, Hals, Backe. Auch Gemüse und Pilze können geschmort werden.

Das Schmorgut mit den Abschnitten [Parüren] scharf und kurz anbraten, damit sich die Poren schließen und sich auf der Oberfläche Röststoffe bilden. Je nach gewünschter Geschmacksrichtung mit Madeira, Sherry, weißem oder rotem Portwein ablöschen. Dann das Schmorgut herausnehmen. Das Gemüse zu den Abschnitten hinzufügen und beides zusammen weiterrösten und ablöschen, so dass eine schöne Farbe entsteht. Danach das Schmorgut wieder in den Topf geben und mit Wein aufgießen. Den Topf mit einem Deckel abdecken und das Ganze bei mäßiger Temperatur im Backofen fertig schmoren lassen.

So gewinnt das Fleisch an Geschmack und wird mürbe, denn durch die Verwendung von reichlich Flüssigkeit und den dadurch entstehenden drucklosen Dampf bleibt die Kerntemperatur automatisch im geeigneten Bereich. Man kann Fleisch mehrere Stunden lang schmoren, wenn die Temperatur 100 °C nicht übersteigt.

Für den Schmorfond werden meist Zutaten mit kräftigen Aromen wie Wein, Speck, Zwiebeln, Knoblauch und Gewürze verwendet. Bei den meisten Schmorgerichten bildet der passierte und reduzierte Saft die Grundlage für besonders aromatische Soßen.

Geschmorte Lammkeule auf orientalischer Paprikapolenta und Wirsingkohl

1

80 g Sellerie
50 g Lauch
30 g Stangensellerie
2 Karotten
2 Knoblauchzehen
1 Zwiebel
Lammkeule
2 EL Erdnussöl
Meersalz und Pfeffer aus der Mühle
1 EL mediterrane Kräuter-mischung
1 Lorbeerblatt, 10 Pfefferkörner
1/8 l Madeira
1/2 l Rotwein
evtl. 2 EL Butter

Gemüse waschen. Den Knoblauch und die Zwiebel schälen. Alles klein-würfelig schneiden. Die Keule rundherum von Fett und Sehnen befreien. Das Öl in einer großen Pfanne erhitzen. Die Keule mit Salz, Pfeffer und der mediterranen Kräutermischung würzen. So wie oben ange-führt mit dem Fleisch und den Abschnitten verfahren. Rösten und ablöschen können Sie, solange Sie möchten – das Fleisch kann nur besser werden. Nachdem Sie alle Zutaten in den Topf gegeben haben, lassen Sie die Keule bei ca. 100 °C zwei Stunden lang schmoren. Für das weitere Vorgehen gibt es zwei Möglichkeiten.
Variante „schnell": Das Fleisch aus der Pfanne nehmen, aufschneiden, mit Salz und Pfeffer abschmecken und mit den restlichen Beilagen servieren.
Variante „mehr": Das Fleisch aus der Pfanne nehmen und bei 60 °C im Backofen warmstellen. Den Saft durch ein Sieb gießen und in einer Pfanne auf die Hälfte reduzieren. Abschmecken und mit kalter Butter montieren.

2

400 g Wirsingkohl
1 EL Butter
2 EL Noilly Prat
Meersalz und Pfeffer aus der Mühle
Muskatnuss

Butter in einer Pfanne zergehen lassen. Den gewaschenen, entstrunk-ten und in feine Streifen geschnittenen Kohl darin sanft dünsten. Mit Noilly Prat ablöschen und würzen. Bei 60 °C warm stellen.

3

2 große rote Paprika
1 Knoblauchzehe
1 kleine Zwiebel
1 EL Erdnussöl
ca. 400 ml Wasser
Meersalz und Pfeffer aus der Mühle
1 TL Kreuzkümmel
1/8 l Milch
150 g Minuten-Polenta
1 EL Butter

Die Paprika waschen, entstrunken und entkernen. Eine Hälfte des Fruchtfleisches in kleine gleichmäßige Würfel von 3 mm schneiden. Knoblauch und Zwiebel schälen. Den Rest der Paprika, den Knoblauch und die Zwiebel grob würfeln und in einer Pfanne mit dem Öl zart goldig rösten. Mit Wasser aufgießen und 20 Min. leicht köcheln lassen. Salzen und pfeffern. Pürieren und durch ein Sieb passieren. Die Flüssigkeit mit dem Kreuzkümmel und der Milch vermengen, aufkochen und die Polenta unter ständigem Rühren eingießen. 1–2 Min. andicken lassen. Mit den Gewürzen abschmecken. Die fein gewürfelten Paprikastücke dazugeben, abdecken und bei 60 °C warm stellen.

4

Anrichten

1 Thymian- oder Rosmarinzweig

Das Fleisch der Keule aufschneiden. Den Kohl breit auf dem Teller mittig verteilen. Darüber das Polentapüree setzen und die Fleischstücke legen. Die Soße drüber und/oder drumherum gießen. Mit Thymian oder Rosmarin garnieren.

Marinierte Erdbeeren mit Vanillesabayon

Dieses Rezept können Sie nicht nur mit Erdbeeren, sondern mit allen Beerensorten zubereiten. Wichtig ist, dass Sie die Früchte nicht kochen, damit sie nicht zu weich werden. Wenn Sie die warme Flüssigkeit über die kalten Früchte gießen, ist das ausreichend.

1

400 ml Wasser
4 EL Zucker
200 g Erdbeeren
1 Grapefruit
2 Mandarinen
Zitronenthymian

Das Wasser erhitzen und den Zucker darin auflösen. Die Erdbeeren waschen, entstrunken und in Scheiben schneiden. Die Zitrusfrüchte filetieren. Die Zuckerlösung in zwei Schüsseln aufteilen. In die eine die Erdbeeren und in die andere die Zitrusfrüchte mit dem Zitronenthymian einlegen und ziehen lassen.

2

1/16 l Milch
1 Vanillestange
2 Eidotter
2 EL Zucker

Die Milch leicht erwärmen und die ausgekratzte Vanilleschote mit dem Vanillemark in der Milch ca. 15 Min. ziehen lassen und danach herausnehmen. Die Dotter mit dem Zucker über Wasserdampf cremig aufschlagen und die Vanillemilch dazugeben. Beides zusammen cremig aufschlagen, bis es richtig fest wird. Von der Hitze nehmen und kalt weiter schlagen.

3

Anrichten
Minze
Hippe

Erdbeeren und Zitrusfrüchte in ein Glas oder auf einen Teller legen. Die Sabayon darübergeben, mit Minze und Hippe garnieren und rasch servieren.

Käsebuffet mit Trüffelhonig

Ob heimische oder internationale Käsesorten – sie werden nach der Geschmacksintensität aufgereiht und verzehrt, genauso wie bei der Menü- oder Getränke-Reihenfolge: leicht vor schwer, mild vor kräftig. Würde z. B. ein Blauschimmelkäse vor einem Brie gegessen, so ginge der Geschmack des Brie vollständig unter. Wenn Sie fünf Käsesorten als fünften Gang servieren, benötigen Sie pro Käsesorte ca. 80–100 g für 4 Personen. Zur Zubereitung des Trüffelhonigs siehe Seite 116.

Andrea

Menü II „Weiße Weihnachts-Zeit" – Planung und Durchführung

Thema und Einladung

Dieses Menü passt mit Bestandteilen wie Austern, Pilzen und Hühnerleberparfait gut in die kalte Jahreszeit. Ob Sie es tatsächlich in der Weihnachtszeit servieren oder zu einem anderen Zeitpunkt in Herbst oder Winter, bleibt selbstverständlich Ihnen überlassen. Hinweise auf den konkreten Charakter des Abends geben Sie Ihren Gästen durch Ihre Formulierung des Themas und die Gestaltung der Einladungskarte [siehe Seite 38].

Menüzusammenstellung

Um Ihnen die Gedankengänge der Menüzusammenstellung und den Aufwand der Arbeit in der Küche zu veranschaulichen, präsentiere ich Ihnen hier zwei fünfgängige Menüs, die Sie zu einem achtgängigen Menü ausbauen können. Sie können sich so viele Gänge herausnehmen, wie Sie für Ihre Gäste zubereiten möchten.

Weiße Weihnachts-Zeit   Holzwurzeln, Amaryllis, Kunstschnee und Kristalle sorgen für eine winterliche Stimmung. Als Tischdecke dient ein transparenter Vorhang, als weiche Unterlage eine farblich angepasste Vliesdecke. Die Menükarten und die Namenskärtchen sind aus Büttenpapier und von Hand beschrieben. [Bezugsquellen: Glasschale: Ligne Roset; Windlichter aus Chrom: WMF. Im Hintergrund: Küchenmöbel, Stühle, Vasen: Ligne Roset; Schale, Metallkugeln und Weinkühler: WMF; Barhocker: Ligne Roset.]

Menü 1

Zeit*		Aufwand
10 Min.	[1.] Eingelegte Steinpilze und Frischkäse mit Kernöl, Blattsalaten und Nüssen	wenig
30 Min.	[2.] Hühnerleberparfait und mit Paprikamarmelade gefüllte Buchteln	mittel
30 Min.	[4.] Bachforellenröllchen mit gedämpftem Blattspinat und Limettenschaum	mittel
30 Min.	[7.] Topfensoufflé im Weinchadeau	mittel
10 Min.	[8.] Käseteller mit Pflaumenchutney	wenig

* Diese Zeiten geben die Vorbereitungsdauer am Tag des Dinners an; sie setzen voraus, dass einige der Bestandteile, wie beschrieben, bereits vorher vorbereitet worden sind. Die Garzeiten sind ebenfalls nicht inkludiert.

Menü 2

Zeit*		Aufwand
10 Min.	[1.] Eingelegte Steinpilze und Frischkäse mit Kernöl, Blattsalaten und Nüssen	wenig
20 Min. 25 Min.	[3.] Sellerie-Creme-Suppe [mit im Weinteig frittierter Auster]	mittel [mehr]
30 Min.	[6.] Ein Stück vom zartrosa gebratenen Hüftsteak mit Steinpilzen, Pilzschaum und Petersilienpüree	mittel
20 Min.	[7.] Crème Brûlée mit Rosmarin	mittel
10 Min.	[8.] Käseteller mit Pflaumenchutney	wenig

Großes Menü

Zeit*		Aufwand
10 Min.	[1.] Eingelegte Steinpilze und Frischkäse mit Kernöl, Blattsalaten und Nüssen	wenig
30 Min.	[2.] Hühnerleberparfait und mit Paprika- marmelade gefüllte Buchteln	mittel
20 Min. 25 Min.	[3.] Sellerie-Creme-Suppe [mit im Weinteig frittierter Auster]	mittel [mehr]
30 Min.	[4.] Bachforellenröllchen mit gedämpftem Blattspinat und Limettenschaum	mittel
10 Min.	[5.] Kirschsorbet mit Grenadinesirup und Rosé-Sekt	wenig
30 Min.	[6.] Ein Stück vom zart rosa gebratenen Hüftsteak mit Steinpilzen, Pilzschaum und Petersilienpüree	mittel
30/20/15 Min.	[7.] Topfensoufflé, Crème Brûlée mit Rosmarin und Vanilleeis mit Sesamkrokant	mittel bis mehr
10 Min.	[8.] Käseteller mit Pflaumenchutney	wenig

Der Arbeitsaufwand für den ersten Gang [1.] ist aufgrund unserer Vorbereitung der Pilze – die haben wir schon lange vorher eingelegt – nicht mehr sehr groß.

Der zweite Gang [2.] ist nicht ganz so einfach. Jedoch können Sie sich helfen, indem Sie das Hühnerleberparfait einige Tage zuvor produzieren und anstelle der Buchteln gekauftes Brot servieren.

Gang drei [3.] ist schon aufwendiger. Die frittierte Auster zur Creme-Suppe ist sicher ein „Highlight", macht aber auch einige Arbeit. Diese kann allerdings einen Tag zuvor erledigt werden. Wenn es Ihnen zu viel Aufwand ist, lassen Sie die Auster einfach weg.

Unsere Nummer vier [4.] sollte nicht gekürzt werden.

Ein Sorbet [5.] ist immer wieder eine Erfrischung, die ein mehrgängiges Menü auflockert. Es ist relativ einfach und schnell zuzubereiten und kommt meist sehr gut an.

Unser Hauptgang [6.] gart von selbst im Backofen; hinzu kommen noch der Pilzschaum und das Petersilienpüree.

Eine Dessertvariation [7.] ist immer aufwendig herzustellen, wobei das Soufflé [frisch am Abend zubereitet] den größten Zeitaufwand verursachen kann. Sie erleichtern sich die Arbeit, wenn Sie nur ein oder zwei Desserts vorbereiten.

Das Chutney ist schon seit langem fertiggestellt und gereift; zu tun bleibt nur das Aufschneiden und das richtige Anrichten der Käsesorten [8.] – und das geht im Nu.

Sie können Ihren Abend ja auch so gestalten, das Sie die eingelegten Pilze [1.] zum Aperitif reichen, mit dem Parfait [2.] als erster Vorspeise beginnen, die Suppe [3.] im Teller ohne Auster und danach die Forelle [4.] oder das Hüftsteak [6.] mit nur einem Dessert, z.B. der Crème Brûlée, servieren. Als Abschluss den Käse mit dem Chutney.

Wir fassen zusammen: Gang [1.] und [2.], mit Brot serviert, sowie Sorbet [5.] und Käse [8.] ergeben gemeinsam vier Gänge von acht, die nicht so aufwendig sind. Wenn Sie sich gut vorbereitet haben, sind die Pilze schon eingelegt und die Paprikamarmelade und das Chutney gereift. Das Sorbet bedarf keiner Vorbereitung. Wie viele Gänge Sie dazu machen, bleibt Ihnen überlassen.

Getränkeauswahl – wie finden Sie den passenden Wein?

Zu unserem Menü benötigen wir die korrespondierende Wein-begleitung. Der Charakter des Geschmacks der Speisen bestimmt bekanntlich, welcher Wein dazu passt. Wenn Sie nicht so wein-kundig sind, lassen Sie sich von einem Sommelier [geprüften Weinkenner] in einer Vinothek Ihres Vertrauens Weine zu Ihren Speisen empfehlen. Als Beispiel nenne ich Ihnen im Folgenden für jeden Gang einen konkreten, passenden Wein.

Der erste Gang

Eingelegte Pilze [erdig, säuerlich]
Frischkäse [leicht, cremig]
Salat [frisch, herb]

erdig + säuerlich + leicht + cremig + frisch + herb
= der passende Weincharakter

Allgemein: Burgundersorten, leicht- bis mittelgewichtig, keine vorder-gründige Aromatik, feste Struktur am Gaumen, 2–3 Jahre Flaschenreife, ohne Barrique
Beispiel: Grauburgunder, Weingut Ploder-Rosenberg, Südoststeiermark

Der zweite Gang

Hühnerleber [würzig, geschmeidig, voll-cremig]
Paprikamarmelade [süßlich, pikant und fruchtig]

würzig + geschmeidig + voll-cremig + süßlich + pikant + fruchtig
= der passende Weincharakter

Allgemein: Traminer, Muskateller, trocken bis halbtrocken, durchaus mit Körper, evtl. mit ein wenig Holz
Beispiel: Gewürztraminer, Ratscher Nussberg, Weingut Gross, Südsteiermark

Der dritte Gang

Selleriesuppe [leicht, buttrig-cremig]
Weinteig [brotig] und Auster [herb, salzig]

leicht + buttrig-cremig + brotig + herb + salzig
= der passende Weincharakter

Allgemein: Wieder die Burgundersorten, mittlerer bis kräftiger Körper, gut gereift, mit subtilem Holzeinsatz

Beispiel: Weißburgunder, Pfarrweingarten, Weingut Sattlerhof, Südsteiermark

Der vierte Gang

Forelle [frisch-erdverbunden]
Blattspinat [vegetabil]
Kaviar [salzig], Limettenschaum [fruchtig-säuerlich]

frisch-erdverbunden + vegetabil + salzig + fruchtig-säuerlich
= der passende Weincharakter

Das Sorbet [5.]

Allgemein: Muskateller, Riesling oder auch Sauvignon Blanc, leicht
und frisch
Beispiel: Sauvignon Blanc, Grassnitzberg, Weingut Tement, Südsteiermark

Wenn Sie das Sorbet als Zwischengang servieren, sollten Sie einen
trockenen Rosé-Sekt dazugeben; dadurch wirkt das Gericht erfrischender. Wenn Sie es als Dessert servieren, können Sie es mit einem
süßeren Sekt aufgießen.

Der sechste Gang

Dunkles Fleisch [würzig-pfeffrig, mit Röstaromen]
Steinpilze [erdig, buttrig]
Petersilienpüree [cremig-kräutrig]

würzig-pfeffrig + Röstaromen + erdig + buttrig + cremig + kräutrig
= der passende Weincharakter

Dazu passt sowohl ein Weißwein als auch ein Rotwein.
Probieren Sie beides einmal aus!

Allgemein: Der Weißwein: Chardonnay, kräftig, fruchtig, würzig, gereift,
mit Holznoten
Beispiel: Morillon Schusterberg, Weingut Wolfgang Maitz, Südsteiermark
Allgemein: Der Rotwein: mittel bis kräftig, gut gereift, mit gut inte-
grierten Holznoten
Beispiel: Pinot Noir Siglos, Weingut Albert Gesellmann, Mittelburgenland

Das Dessert [7.]

Topfensoufflé [topfig, süß]
Crème brulee mit Rosmarin [süß, würzig]
Vanilleeis mit Sesamkrokant [cremig, vanillig, nussig]

topfig + süß + würzig + cremig + vanillig + nussig
= der passende Weincharakter
Allgemein: Trockenbeerenauslesen mit Würzigkeit und Cremigkeit
Beispiel: Morillon TBA*, Weingut Lackner-Tinnacher, Südsteiermark
* Trockenbeerenauslese

Käsevariation [8.]

Hier kommt eine Vielfalt von Geschmacksnuancen vor, vom milden bis zum kräftigen und salzigen Käse; es ist kaum möglich, dazu einen „Alleskönnerwein" zu empfehlen. Wie Sie wissen, geht es um die Charaktere der Speisen, in diesem Fall um Ihre Auswahl von Käsesorten. Versuchen Sie selbst, diese geschmacklich zu definieren und den passenden Wein dazu zu finden! Dieser kann sowohl ein Rotwein als auch ein Weißwein sein. Viel Spaß beim Ausprobieren!

Vorbereitung mit Checklisten

Die Ausgangspunkte für Ihre gesamte Veranstaltung sind das Thema, das Menü und der Wein!

Für Ihre Vorbereitungen erstellen Sie:
eine Einkaufsliste für die Lebensmittel,
eine allgemeine Checkliste für die Hilfsmittel,
einen schriftlichen Zeitplan.

Zum Beispiel Gang [1.] [siehe Seite 184]

Die Steinpilze sind eingelegt; der Frischkäse, der Salat, das Kernöl und die Nüsse kommen auf die Einkaufsliste, geordnet nach den Orten, an denen Sie sie einkaufen werden.
Gleichzeitig denken Sie über das Besteck nach sowie über den Teller, die Glasplatte oder das Cocktailglas, wie auch immer Sie diesen Gang servieren wollen. Sind das Besteck oder der Teller nicht vorhanden, kommen sie auf die allgemeine Checkliste. Ob Sie Fehlendes kaufen oder ausborgen wollen, bleibt Ihnen überlassen.
Auf den Zeitplan kommen die Eintragungen, wann Sie Ihre Produkte wo einkaufen, wann Sie Ihr Menü vorbereiten und wann Sie Ihre Hilfsmittel kaufen oder herstellen.

Wir fassen zusammen:
Wenn Sie Ihr Menü mit den Weinen ausgewählt haben, machen Sie sich Gedanken
worauf und wie Sie jeden einzelnen Gang servieren,
welches Weinglas, Besteck usw. benötigt wird,
was Sie noch wann einkaufen sollten,
wie und wann Sie Ihr Rezept umsetzen und anrichten.

Gehen Sie gedanklich auch alle Schritte von der Einladung bis zur Verabschiedung durch. Je besser Sie Ihre Vorbereitungen organisieren, desto mehr Zeit haben Sie für Ihre Gäste.

Überlegen Sie sich genau:
Wann und wie gestalte ich Einladungen, Menükarte, Namenskärtchen?
Sind Tischtuch, Molton, Servietten vorhanden und in gutem Zustand?
Welches Material brauche ich für die Dekoration?
Wann und wo besorge ich es?
Wie sieht es an der Garderobe aus? Ist genügend Platz für Mäntel, Jacken, Schuhe/Hausschuhe, Regenschirme?
Habe ich Vasen parat?

Habe ich genug passende Hintergrundmusik?

Wo kann ich die Lebensmittel und den Wein lagern und kühlen?

Wann muss ich den Wein dekantieren?

Wann muss ich die Teller wärmen?

Wann muss ich Besteck nachdecken?

Zum Beispiel: Checklisten für Menü II

Einkaufsliste für die Lebensmittel

Getränke
Noilly Prat [zum Kochen]
Sekt [als Aperitif]
Weißburgunder [zu den eingelegten Pilzen]
Grauburgunder [zu Suppe/Austern]
Blaufränkisch [zum Hüftsteak]
Beerenauslese [zum Dessert]
Je 1 Rot- und/oder Weißwein zum Käse
Mineralwasser

Auf dem Markt

Gemüse:
Salatmischung, Sellerie, Kartoffeln, Schalotten, Kerbel, Petersilie, Blattspinat, Steinpilze, Rosmarin, Minze

Milchprodukte:
Frischkäse, Sahne, Milch, Butter, Käse von mild bis würzig

Im Supermarkt

Kernöl, Walnüsse, getrocknete Steinpilze, Dijon-Senf, Eier, Austern

Beim Fleischer

Hüftsteak

Allgemeine Checkliste für die Hilfsmittel

Einkaufen

Drogeriemarkt

Schwämmchen, Geschirrspülmittel

Haushaltswarengeschäft

Ringform zum Anrichten, 6 Gläser für Vorspeise, Dekanter, neue
beschichtete Pfanne

Papiergeschäft	Büttenpapier für Menükarten, Karton für Namenskärtchen, Dekorationsmaterial, Kerzen
Ausleihen	Molton, Bunsenbrenner, Austernöffner, Abstelltischchen

Zeitplan

Montag	Getränke einkaufen und einkühlen Einkauf Drogeriemarkt Einkauf Haushaltswarengeschäft
Dienstag	Tischwäsche aus der Reinigung holen Einkauf Papiergeschäft Menükarten und Namenskärtchen schreiben
Mittwoch	Einkauf Markt, Supermarkt, Fleischer Molton, Bunsenbrenner, Austernöffner und Abstelltischchen bei N. ausleihen Crème brulée vorbereiten
Donnerstag	Austern vorbereiten Suppe ansetzen Fleisch parieren und Jus ansetzen Kartoffeln kochen, schälen, pressen Béchamelsoße vorbereiten Servietten falten
Freitag = Tag X	Tisch decken UND DANN GEHT'S LOS!

Tisch-Setup

Menü 1

Besteck

Sie beginnen mit der Hauptspeise; die ist in diesem Fall ein Fischgericht [4.], daher legen Sie ein Fischbesteck auf oder, wenn kein Fischbesteck vorhanden ist, ein Tafelbesteck. Das Hühnerleberparfait [2.] verlangt Messer und Gabel: rechts das Messer, links die Gabel, hochgezogen.

Bei den eingelegten Steinpilzen [1.] hängt die Auswahl des Bestecks von der Anrichteweise ab. Wenn Sie sie auf einem Vorspeisenteller servieren, platzieren Sie links die Gabel hochgezogen und rechts ein Messer. [Wenn Sie sie in einem Glas anrichten, servieren Sie am besten gleich eine Kuchengabel dazu. Denn Sie sollten Ihren Gästen Hinweise geben, womit sie essen sollen. Andernfalls essen diese die Steinpilze vermutlich mit Messer und Gabel, fühlen sich dabei jedoch etwas ungeschickt]. Dessertgabel und Dessertlöffel werden waagerecht über bzw. zwischen die anderen Besteckteile gelegt [7.]. Das Käsebesteck – Vorspeisenmesser und -gabel – wird nach dem Abservieren des Desserts nachgedeckt [8.].

Gläser

Das Weißweinglas wird über das Fischmesser gestellt. Rechts daneben oder ein wenig nach unten versetzt kommt ein kleineres Weißweinglas, oder, wenn Sie eines haben, ein Jungweinglas. Wieder rechts daneben oder ein wenig nach unten versetzt wird das Wasserglas hingestellt. Den Aperitif haben Sie Ihren Gästen schon nach dem Eintreffen gereicht. Den ersten Wein, zu den Steinpilzen [1.] passend, gießen Sie in das kleinere Weißweinglas. Auch den gehaltvolleren und lieblichen Weißwein, der zum Parfait [2.] serviert wird, können Sie in das [bereits ausgetrunkene!] kleinere Weinglas gießen. Den Wein zum Fisch [4.] dürfen Sie jedoch nicht mehr in dieses Glas einschenken. Dieser kommt in das Weißweinglas, das über dem Fischmesser steht. Als Dessertweinglas können Sie jedoch das Jungweinglas wieder verwenden [7.]. Zum Käse [8.] reichen Sie den passenden oder gewünschten Wein im entsprechenden Rotwein- oder Weißweinglas. Natürlich können Sie die bereits benutzten Gläser verwenden. Beachten Sie jedoch, welcher Wein zuvor in diesem Glas war.

ca. 65

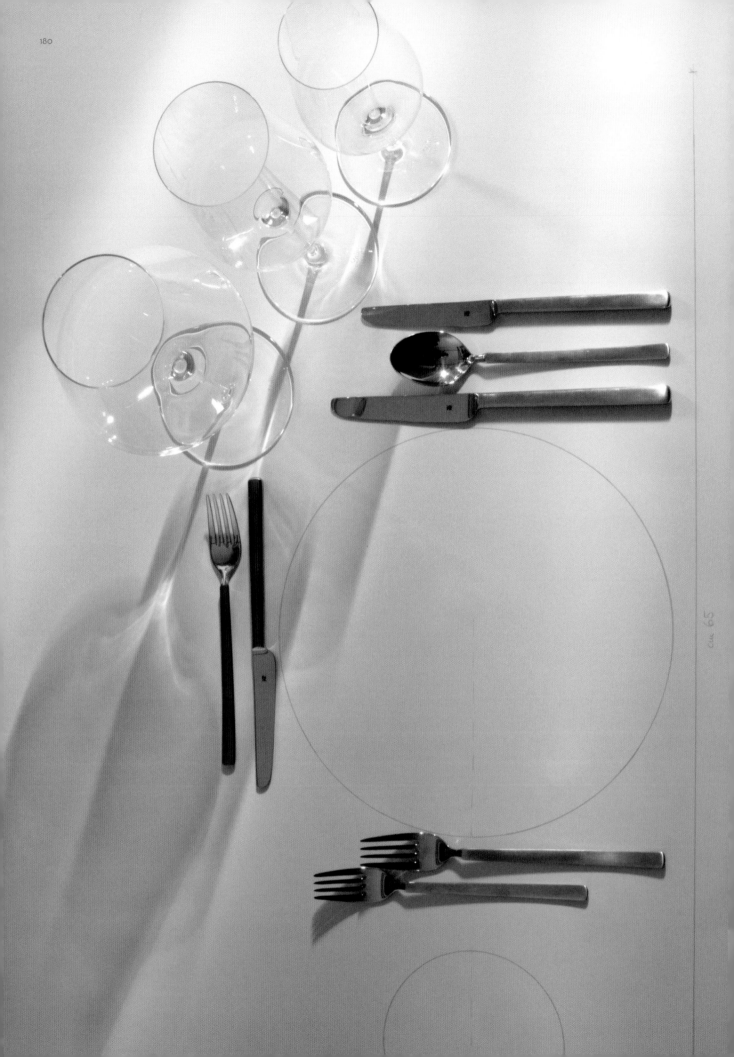

cm 65

Menü 2

Besteck

Sie beginnen wieder mit der Hauptspeise, dem Fleischgericht [6.], daher ein Tafelbesteck, Messer und Gabel. Sofern Sie als Vorspeise [3.] nur die Suppe in einer Suppentasse oder einem Suppenteller servieren, benötigen Sie natürlich nur einen Suppenlöffel. [Sollten Sie jedoch die Austern dazuservieren, präsentieren Sie die Suppe in einer kleineren Tasse und legen dazu dementsprechend einen kleinen Löffel und für die Austern eine kleine Gabel auf den Tisch.]

Auch bei den eingelegten Steinpilzen [1.] hängt die Auswahl des Bestecks von der Anrichteweise ab. Werden diese auf einem Vor-speisenteller serviert, decken Sie links eine Gabel hochgezogen ein und rechts ein Messer. [Wenn Sie die Steinpilze in einem Glas anrichten, servieren Sie am besten gleich eine Kuchengabel dazu, denn Sie sollten Ihren Gästen Hinweise geben, womit sie essen sollen. Andernfalls essen diese die Steinpilze vermutlich mit Messer und Gabel, fühlen sich dabei jedoch etwas ungeschickt.] Dessertgabel und Dessertlöffel werden waagerecht über bzw. zwischen die anderen Besteckteile gelegt [7.]. Das Käsebesteck – Vorspeisenmesser und -gabel – wird nach dem Abservieren des Desserts nachgedeckt [8.].

Gläser

Das Rotweinglas wird über das Tafelbesteck gestellt. Rechts daneben oder ein wenig nach unten versetzt kommt das Weißweinglas. Wieder daneben oder ein wenig nach unten versetzt wird das Wasserglas platziert.

Den Aperitif haben Sie Ihren Gästen schon nach dem Eintreffen gereicht. Den ersten Wein, zu den Steinpilzen [1.] passend, gießen Sie in das Weißweinglas. Auch den gehaltvolleren Weißwein zu Suppe und Austern [3.] können Sie in das [bereits ausgetrunkene!] Weißwein-glas gießen. Den Rotwein zur Fleischspeise [6.] schenken Sie in das Rotweinglas. Als Dessertweinglas können Sie das Weißweinglas wieder verwenden, wenn Sie kein Jungwein-/Süßweinglas nachdecken kön-nen [7.]. Zum Käse [8.] reichen Sie den passenden oder gewünschten Wein im entsprechenden Rotwein- oder Weißweinglas. Natürlich kön-nen Sie die bereits benutzten Gläser verwenden. Beachten Sie jedoch, welcher Wein zuvor in diesem Glas war.

Das große Menü

Besteck

Sie beginnen, wie immer, mit der Hauptspeise, dem Fleischgericht
[6.], daher ein Tafelbesteck, Messer rechts und Gabel links. Mit dem
Kirschsorbet [5.] wird der Kaffee- oder Cocktaillöffel gleich mitserviert.
Daher folgt nach dem Tafelbesteck das Fischmesser rechts und die Gabel
links und hochgezogen. [4.]. Sofern Sie als Vorspeise [3.] nur die Suppe
in einer Suppentasse oder einem Suppenteller servieren, benötigen
Sie natürlich nur einen Suppenlöffel. [Sollten Sie jedoch die Austern
dazuservieren, präsentieren Sie die Suppe in einer kleineren Tasse. Dazu
gehört dann ein kleiner Löffel für die Suppe und eine kleine Gabel für
die Austern. Diese kleineren Besteckteile [Kaffeelöffel und Kuchen-
gabel] sollten entweder mit der Speise serviert oder vor dem Servieren
der Speise nachgedeckt werden.] Das Hühnerleberparfait [2.] verlangt
Messer und Gabel: rechts das Messer, links die Gabel, letztere hochgezogen. Das Amuse-Bouche [siehe Seite 78], das Gericht mit den Steinpilzen
[1.], wird z.B. im Glas angerichtet und serviert mit einer Kuchengabel,
die mit der Speise eingestellt wird.
Dessertgabel und Dessertlöffel werden quer zwischen bzw. über die
anderen Besteckteile gelegt [7.]. Das Käsebesteck [Vorspeisenmesser
und -gabel] wird nachgedeckt [8.].

Gläser

Über das Tafelmesser wird das Rotweinglas gestellt [6.]. Rechts daneben
oder ein wenig nach unten versetzt kommt das Weißweinglas für das
Fischgericht [4.] und für die Suppe mit den Austern [3.]. Wieder rechts
daneben oder ein wenig nach unten versetzt wird ein Jungweinglas fürs
Parfait [2.] und zum Amuse-Bouche [1.] eingestellt. Daneben im gleichen Schema das Wasserglas. Den Aperitif haben Sie Ihren Gästen schon
nach dem Eintreffen gereicht. Den ersten Wein zum Amuse-Bouche, den
Steinpilzen [1.], gießen Sie in das Jungweinglas. Auch den gehaltvolleren
und leicht süßlichen, lieblichen Weißwein zum Parfait [2.] können Sie in
das [bereits ausgetrunkene!] Jungweinglas gießen. Den Weißwein zu den
Austern und zur Suppe [3.] schenken Sie in das noch nicht verwen-
dete Weißweinglas. Wenn Sie dieses auch für die Weinbegleitung des
Fisches [4.] verwenden, sollten Sie es zuvor „avinieren" [siehe Seite 65].
[Ansonsten ersetzen Sie es durch ein neues.] Den Rotwein zur Fleisch-
speise [6.] schenken Sie in das Rotweinglas. Als Dessertweinglas können
Sie das Jungweinglas wieder verwenden [7.]. [Sie können aber auch ein
Jungwein-/Süßweinglas nachdecken.] Zum Käse [8.] reichen Sie den
passenden oder gewünschten Wein im entsprechenden Rotwein- oder
Weißweinglas. Die Gläser, die nicht mehr verwendet werden, sollten
abserviert werden. Das Wasserglas bleibt in jedem Fall stehen.

Rezepte und Anrichten   *Alle Rezepte sind für 4 Personen berechnet.*

Eingelegte Steinpilze und Frischkäse mit Kernöl, Blattsalaten und Nüssen

Diese Vorspeise ist eigentlich nur noch anzurichten; ich stelle Ihnen mehrere Anrichtearten vor, die zu den angeführten Menüs passen. Bei der Frischkäsewahl können Sie variieren, vom Frischkäse bis zum Feta. Salat gibt es in wunderbaren Mischungen im Lebensmittelhandel. Kernöl ist eine steirische Spezialität und wird aus Kürbiskernen gewonnen. Es wird gern mit Saurem verbunden. Mit Salaten, Sülze oder Rührei, aber auch mit Vanilleeis entfaltet sich ein hervorragender, nussiger Geschmack.

1

400 g eingelegte Steinpilze [siehe Seite 112]
80 g Frischkäse
4 EL Kürbiskernpesto [siehe Seite 106]

Die Pilze je nach der Anrichteart hacken oder im Ganzen lassen. Den Frischkäse mit Hilfe einer Ringform auf den Teller streichen. Die Pilze ebenso in der Ringform mit Hilfe eines Löffels fest andrücken. Das Pesto dazugeben.

2

Anrichten
Salatgarnitur
etwas Kernöl
Walnüsse
Fleur de Sel

Mit Salat garnieren. Die Pilze mit Kernöl übergießen. Die Walnüsse hinzugeben. Zuletzt mit Fleur de Sel würzen.

Hühnerleberparfait und mit Paprikamarmelade gefüllte Buchteln

Das Parfait ist wegen der verwendeten Butter sehr fein im Geschmack und erinnert an ein Gänsestopfleberparfait. Wenn Sie es in kleine Einmachgläser füllen, hält es sich im Kühlschrank sicherlich vierzehn Tage. Die Buchteln sollten am Tag der Einladung frisch hergestellt werden. Wenn Ihnen das zu viel Arbeit macht, servieren Sie stattdessen ein Stück Weißbrot oder ein Brioche [kann natürlich auch selbstgemacht sein] zu der Paprikamarmelade. Diesen Gang können Sie also schon Tage, ja Wochen zuvor in Ruhe zubereiten.

1

1/8 l Rotwein
1/8 l Madeira
3 Schalotten
2 Knoblauchzehen
200 g Hühnerleber
1 Lorbeerblatt
1 Zweig Rosmarin
1 Zweig Thymian
1 EL Pökelsalz
Meersalz und Pfeffer aus der
Mühle
ca. 1–2 EL Cognac
200 g Butter
1 Ei

Die Alkoholika auf ein Viertel reduzieren. Die geschälten und in feine Würfel geschnittenen Schalotten sowie die samt der Schale mit einem großem Messer zerdrückten Knoblauchzehen in die Reduktion geben. Auskühlen lassen. Die geputzte Leber mit dem Lorbeerblatt, Rosmarin, Thymian, Pökelsalz, Pfeffer, Cognac und der Reduktion über Nacht zugedeckt im Kühlschrank marinieren.

Am Folgetag die Butter in einem Topf schmelzen. In der Zwischenzeit die Gewürze aus der Marinade heben [evtl. Rosmarin und Thymian abrebeln und die Blätter dazugeben, das Gestänge und das Lorbeerblatt jedoch entfernen]. Ein ganzes Ei dazugeben, die Masse mit einem Pürierstab pürieren und durch ein feines Sieb passieren. Die geschmolzene Butter in einem dünnen Strahl in die Masse einfließen lassen und dabei mit dem Pürierstab aufmixen. Mit Pfeffer, evtl. Salz und ein wenig Cognac abschmecken. Die Masse z.B. in Einmachgläser füllen und im Wasserbad bei 100 °C ca. 25 Min. pochieren, bis es stockt. Aus dem Backofen nehmen, verschließen und auskühlen lassen.

2

20 g Hefe
200 ml Milch
250 g Mehl glatt
1 EL Puderzucker
4 Eidotter
1 TL Vanillezucker
1 EL Öl
Salz
100 g Butter
Paprikamarmelade
[siehe Seite 186]

Die Hefe in lauwarmer Milch auflösen. Mehl und Puderzucker hinzufügen und mit dem Knethaken vermengen. An einem warmen Ort abgedeckt auf die doppelte Masse gehen lassen. Eidotter, Vanillezucker, Öl und eine Prise Salz mit den Knethaken einarbeiten und so lange kneten, bis der Teig sich von der Schüssel löst. Diesen auf einer bemehlten Fläche mit dem Nudelholz 1 cm dünn ausrollen. Die Butter schmelzen und eine feuerfeste Form gut mit Butter auspinseln.

Mit einem Ausstecher von ca. 3 cm Durchmesser den Teig ausstechen, die ausgestochenen Teile mit Paprikamarmelade füllen, gut zudrücken, in die geschmolzene Butter tauchen und mit der glatten Seite nach oben in die Form setzen. Danach abgedeckt nochmals gehen lassen. Im auf 160 °C vorgeheizten Backofen ca. 25–30 Min. backen.

3

Anrichten
Kresse

Ein wenig Paprikamarmelade in die Einmachgläser mit dem Hühnerleberparfait geben und mit Kresse garnieren. Die Buchteln daneben auf ein wenig Marmelade platzieren.

»Nach einer guten Mahlzeit kann
man allen verzeihen, selbst seinen
eigenen Verwandten.«
Oscar Wilde

Sellerie-Creme-Suppe
[mit im Weinteig frittierter Auster]

Die Basis für die Sellerie-Creme-Suppe können Sie auch einen
Tag zuvor ansetzen. Das eventuelle Verlängern mit Sahne und das
Montieren mit kalter Butter können Sie am Tag X vollenden.
Falls Ihnen das Öffnen und Frittieren der Auster zu viel ist, können
Sie die Selleriesuppe mit Trüffel und Trüffelöl servieren [asiatische
Trüffel ist sehr günstig, aber auch weniger intensiv im Geschmack].

Sellerie-Creme-Suppe
[mit im Weinteig frittierter Auster]

1

1 kleine/mittlere Knolle Sellerie
2 Schalotten
1 Knoblauchzehe
1 Kartoffel
2 EL Erdnussöl
2 EL Noilly Prat
1 l Wasser und Austernwasser*
Meersalz und Pfeffer aus der
Mühle
1/4 l Sahne
1 EL Butter
1 TL natives Olivenöl oder
Trüffelöl

Sellerieknolle, Schalotten, Knoblauch und Kartoffel schälen und in Würfel schneiden. Ein wenig vom Sellerie in dünne Streifen schneiden und frittieren. Das Erdnussöl in einem Topf erhitzen und das Gemüse sanft glasig schwitzen [nicht rösten, nicht bräunen]. Mit Noilly Prat ablöschen und mit Wasser aufgießen. Mit Salz und Pfeffer würzen. Das Gemüse weich kochen, pürieren, durch ein Sieb passieren. Mit Sahne verlängern, mit wenig kalter Butter montieren und nochmals mit Salz und Pfeffer abschmecken. Beim Anrichten mit ein wenig Olivenöl oder Trüffelöl garnieren.

2

4–8 Austern
1 Ei
3 EL Mehl
1/8 l Milch
2 EL Wein
1/4 l Erdnussöl
Pfeffer aus der Mühle

Austern vorsichtig mit einem Handschutz öffnen. Die Auster mit einem Austernmesser am oberen und unteren Rand beim Schließmuskel abkratzen. Den Deckel der Auster entfernen. Die Schale aufheben. Das *Austernwasser auffangen und für die Suppe verwenden. Den Dotter vom Eiweiß trennen. Den Dotter mit 2 EL Mehl, der Milch und dem Wein mit dem Schneebesen verrühren. Das Eiklar mit dem Mixer aufschlagen, bis es steif ist, und unter die Masse heben. Das Öl erhitzen. Die Auster leicht pfeffern, in Mehl wälzen, durch den Weinteig ziehen und im Öl kurz goldbraun frittieren.

3

Anrichten
grobes Meersalz
Kerbel

Die Suppe in Mokkatassen füllen und mit Olivenöl und Selleriestroh garnieren. Die Austernschale mit der frittierten Auster auf ein Beet vom groben Meersalz neben die Suppe setzen. Mit Kerbel garnieren.

Bachforellenröllchen mit gedämpftem Blattspinat und Limettenschaum

Dieses Gericht kann als warme Vorspeise oder auch als Hauptgericht gereicht werden. Bei einem mehrgängigen Menü sollte die Portion nicht zu groß werden. Die Forellenröllchen können vom Parieren bis zum Einrollen und Fixieren schon am Vortag vorbereitet werden.

1

4 Bachforellenfilets à 100 g
100 g Blattspinat
1 Limette

Die Forellenfilets parieren, entgräten und enthäuten. Den gewaschenen Blattspinat kurz in Salzwasser blanchieren und in kaltem
Wasser abschrecken. Die Schale und das Weiße der Limette mit einem
Messer abschälen. Die Limettenfilets zwischen den Trennhäutchen
herausschneiden. Den Saft auffangen. Die Forellenfilets mit Blattspinat
und einer Spalte von der Limette belegen und einrollen. Mit einem
Zahnstocher fixieren.

2

2 Schalotten
1 Knoblauchzehe
1/8 l Weißwein
1/8 Noilly Prat
1 Lorbeerblatt
3 Wacholderbeeren
1 Nelke
1/4 l Wasser oder Fischfond
100g Fischabschnitte
Meersalz und Pfeffer aus der
Mühle
1–2 EL Limettensaft
1/16 l Sahne

Schalotten und Knoblauch schälen, in feine Würfel schneiden und die
Alkoholika mit Lorbeer, Wacholder und Nelke auf ein Viertel reduzieren. Mit Wasser oder Fischfond aufgießen. Die Fischabschnitte
dazugeben und leicht köcheln lassen. Mit Salz, Pfeffer und Limettensaft würzen. Die Sahne dazugeben und die Flüssigkeit mit dem
Pürierstab aufmixen.

3

600 g Blattspinat
1 EL Butter
Meersalz und Pfeffer aus der
Mühle
Muskatnuss

Den Blattspinat waschen. Die Butter erhitzen und den Spinat und die
Gewürze hineingeben. Einen Deckel darüberdecken und das Ganze
bei kleiner Hitze ca. 3 Min. köcheln lassen. Oder im Dampfgarer
dämpfen und würzen.

4

Fertigstellen
Meersalz aus der Mühle
2 EL Olivenöl

Die Forellenfilets salzen und in einer Pfanne mit Olivenöl leicht
anbraten. Im Backofen bei ca. 170 °C ca. 8–10 Min. garen.
Die Filets sollten danach innen noch ein wenig glasig sein.

5

Anrichten
50 g Forellenkaviar
Kerbel
Natives Olivenöl

Den Blattspinat in vorgewärmte Teller legen. Die Röllchen daneben
setzen und mit dem Limettenschaum nappieren.
Mit Forellenkaviar, Kerbel und Olivenöl garnieren.

Kirschsorbet mit Grenadinesirup und Rosé-Sekt

*Ein Sorbet ist immer eine Erfrischung bei einem mehrgängigen
Menü, egal, ob mit Brand oder Likör abgerührt oder mit Sekt
aufgefüllt. Es ist schnell angerichtet und hat viel Effekt!
Um das Sorbet in schmale Gläser zu füllen, ist ein Spritzsack
eine große Hilfe.*

Grenadinesirup   Den Sirup in das Glas gießen. Das weiche Sorbet mit Hilfe eines
Kirschsorbet   Spritzsackes in das Glas füllen. Mit der Minze garnieren.
Minze   Sofort servieren und vor Ihren Gästen mit Sekt auffüllen.
Rosé-Sekt

Das Garen mit Niedrigtemperatur

Für Ihr festliches Dinner ist das Garen mit Niedrigtemperatur bestens
geeignet, denn vor allem bei dunklem Fleisch ist diese Art des Bratens
mit wenig Aufwand verbunden. Vom Zeitmanagement in der Küche
her kann es nicht einfacher gehen, und die Herdflächen bleiben für
die Zubereitung der Beilagen frei. Ob Sie nun für vier oder für zehn
Gäste kochen, mit der Niedrigtemperatur-Garmethode entsteht kein
Mehraufwand. Alle größeren Fleischstücke wie Keule, Schulter, Rücken
und Lungenbraten können so gegart werden, und das Fleisch wird
außerordentlich saftig.

Niedrigtemperatur-Garen findet bei Temperaturen von 60 bis 80 °C
im Backofen statt. Ich habe die Erfahrung gemacht, dass die realen
Temperaturen von Backofen zu Backofen unterschiedlich sind, auch
wenn ein und dieselbe Temperatur eingestellt ist. Die neueren
Backofen-Modelle von Miele haben vorgegebene Programme ohne
Temperaturangaben, mit denen Sie arbeiten können. Sie können aber
auch Ihr eigenes Programm eingeben.

Doch die Ofentemperatur ist nicht so wichtig wie die Kerntemperatur
des Fleisches. Diese, also die innere Temperatur des Fleischstücks, stellen Sie mit dem Kerntemperaturmesser fest. Ist die Kerntemperatur
zu niedrig, stellen Sie die Ofentemperatur höher; ist die Kerntemperatur zu hoch, verringern Sie die Ofentemperatur. Die Garzeit beträgt in
der Regel zwei bis vier Stunden.

**Richtwerte für die
Kerntemperatur**

*Nun stellt sich die Frage, wie das Fleisch sein soll:
„englisch", rosa oder durch?*

Bei der Niedrigtemperatur-Garmethode gelten folgende Richtwerte
für die Kerntemperatur:

Rind, Kalb, Reh, Hirschkalb und Lamm

Teile mit zarterer Fleischstruktur

englisch   45–50 °C

rosa   50–55 °C

durch   55–70 °C

Teile mit gröberer Fleischstruktur

rosa   58–65 °C

*Helleres Fleisch wie Schwein, Kaninchen und
dunkles Geflügel benötigt 5 bis 10 °C mehr.*

Bevor das Fleisch in den Backofen kommt, wird es in einer Pfanne kurz
scharf angebraten. Dabei ist zu beachten,

> *dass das Fleisch genug Platz in der Pfanne hat, so dass es
> rundherum schön braun angebraten werden kann und nicht im
> austretenden Saft kocht,*

> *alle Seiten, auch die Schnittstellen, angebraten werden,*

> *beim Anbraten die Pfanne nicht gerüttelt oder geschüttelt
> wird, da das Fleisch in dieser Phase leicht an der Pfanne
> haftet. Beim Rütteln werden Fleischfasern zerrissen, das
> Fleisch verliert Saft und wird trocken.*

Den Zustand des Fleisches können Sie mit dem Zeigefinger fest-
stellen, wenn Sie die „Fingerprobe" nach folgendem Anhaltspunkt
vornehmen:

Englisch

Führen Sie Zeigefinger und Daumen einer Hand zusammen, so dass
sie sich nur zart berühren; nicht zusammenpressen. Mit dem freien
Zeigefinger der anderen Hand drücken Sie auf den Daumenballen.

Medium

Führen Sie nun Mittelfinger und Daumen einer Hand zusammen, so
dass sie sich nur zart berühren; nicht zusammenpressen. Mit dem freien
Zeigefinger der anderen Hand drücken Sie auf den Daumenballen.

Durch

Zuletzt führen Sie Ringfinger und Damen einer Hand zusammen, so
dass sie sich nur zart berühren; nicht zusammenpressen. Mit dem freien
Zeigefinger der anderen Hand drücken Sie auf den Daumenballen.

Die Fingerprobe hilft Ihnen dabei, ein Gefühl für den Garzustand des
Fleisches zu bekommen, egal, ob Sie dieses in der Pfanne oder im
Backofen zubereiten.

Ein Stück vom zartrosa gebratenen Hüftsteak mit Steinpilzen, Pilzschaum und Petersilienpüree

Anstelle des Hüftsteaks können Sie auch einen Lungenbraten oder ein Roastbeef zubereiten. Die Steinpilze, die Steinpilzsoße und die Petersiliencreme können, wenn sie fertig sind, im Backofen warmgehalten werden, wo das Fleisch auf Niedrigtemperatur gart. Daher haben Sie keinen Stress. Das Gericht kann auch im Tellerwärmer zubereitet werden [siehe Seite 16]. Die Soße mit den Steinpilzen können Sie auch weglassen.

1

500-800 g Hüftsteak
Dijon-Senf
Salz und Pfeffer aus der Mühle
6 EL Erdnussöl
2 Knoblauchzehen
1 Zweig Rosmarin

Das Hüftsteak gut parieren. Zart mit Senf einreiben, gut salzen und pfeffern. In einer Pfanne mit Erdnussöl rundherum an allen Seiten ca. 1 Min. scharf anbraten. Mit dem Kerntemperaturmesser versehen und im Backofen bei ca. 65 °C ca. zweieinhalb Stunden garen. Die Kerntemperatur und die Garzeit können Sie mit der Ofentemperatur senken oder erhöhen. Den geschälten und in Scheiben geschnittenen Knoblauch mit dem Rosmarinzweig dazugeben.

2

1/16 l Portwein
2 Würfel Jus [siehe Seite 118]
1 EL Butter

Die Pfanne mit den Bratenrückständen mit Portwein ablöschen. Den Jus dazugeben und einmal aufkochen. Abkühlen lassen und nach Fertigstellung des Fleisches nochmals wärmen und die kalte Butter einrühren.

3

1 Bund Petersilie
[100 g Blattspinat]
400 g Kartoffeln
2 EL Butter
2 EL Mehl
1/8 L Milch
Muskat
Meersalz und Pfeffer aus der Mühle

Die Petersilienblätter [und den Blattspinat] in Salzwasser blanchieren. Mit kaltem Wasser abschrecken. Fein schneiden. Die Kartoffeln im Salzwasser weich kochen. In einem Topf Butter erhitzen, Mehl einstäuben und mit der kalten Milch glatt rühren, eindicken lassen und ständig weiter rühren. Petersilie mit dem Stabmixer in diese Béchamelsoße einmixen. Die Kartoffeln schälen und durch ein feines Sieb streichen. Mit der Béchamelsoße, Muskat, Salz und Pfeffer vermengen und warmstellen.

4

200 g Steinpilze
1/4 l Salzwasser
50 g getrocknete Steinpilze
1/16 l Milch
Meersalz und Pfeffer aus der
Mühle

Die frischen Steinpilze putzen, in dickere Streifen schneiden und im Salzwasser blanchieren. Danach auf Küchenpapier abtropfen lassen. Die getrockneten Steinpilze im Steinpilzwasser aufkochen, danach im Pilzfond ziehen lassen und auf die Hälfte reduzieren. Mit der Milch aufgießen, würzen und mit dem Pürierstab aufmixen.

5

200 g Steinpilze
Meersalz und Pfeffer aus der
Mühle
1 EL Butter

Die Steinpilze salzen, pfeffern und in Butter scharf anbraten. Im Backofen warm stellen.

6

Anrichten
frittierte Petersilie
[siehe Seite 119]

Das Püree in der Mitte des vorgewärmten Tellers platzieren. Die Pilze neben das Püree geben. Eine Schnitte Fleisch halb auf das Püree legen. Den Schaum um Püree und Fleisch verteilen. Die Fleischsoße über den Schaum gießen und mit frittierter Petersilie garnieren.

Topfensoufflé im Weinchadeau, Crème Brûlée mit Rosmarin und Vanilleeis mit Sesamkrokant

*Auch ein einziges dieser Desserts ist ausreichend für Ihr Menü.
Die angeführten Mengen für die drei Desserts sind für diesen Fall
berechnet. Wenn Sie zwei oder drei der Desserts auf einem Teller
präsentieren, sollten Sie weniger davon herstellen.*

Topfensoufflé im Weinchadeau

Diese Menge ergibt 4 Portionen als alleiniges Dessert.

Grundsätzlich werden die Formen für das Topfensoufflé nur zu drei Viertel gefüllt, damit das Soufflé aufgehen kann und nicht zur Seite kippt. Es fällt aber schnell zusammen, daher ist Folgendes zu beachten: Die Form muss bis zum Rand nach oben gut eingebuttert werden, damit das Soufflé beim Backen leicht aufgehen kann. Um das Zusammenfallen ein wenig zu verhindern, wird folgender Trick angewandt: Streifen von eingebuttertem Alupapier werden mit einem Bindfaden um die Form gebunden und erlauben so, mehr Masse in die Form zu geben. Somit geht das Soufflé höher auf und kann nicht so tief zusammenfallen.

1

4 Eier
1 Prise Salz
20 g Kristallzucker
1 EL Butter
40 g Puderzucker
200 g Topfen [Fettgehalt 20 %]
40 g Puddingpulver
2 TL Sauerrahm
1–2 EL Milch
1 TL Vanillezucker

Die Dotter vom Eiweiß trennen. Das Eiweiß mit einer Prise Salz und dem Kristallzucker zu Schnee schlagen. Die Backformen [6–8 cm im Durchmesser] ausbuttern und mit dem Puderzucker „auszuckern". Den Ofen auf 170 C° vorheizen. Den Rest der Zutaten miteinander vermengen. Den Eischnee unter die Masse heben und in die Formen gießen. Das Soufflé ca. 15–20 Min. backen. Mit oder ohne Backform servieren.

2

2 Eidotter
3 El Zucker
ca. 1/4 l Weißwein

Die Eidotter mit dem Zucker über heißem Wasserdampf cremig schlagen. Den Weißwein dazugeben und nochmals kräftig cremig schlagen.

3

Anrichten

Das Weinchadeau in einen leicht vorgewärmten Suppenteller füllen. Das Topfensoufflé in ein Küchenhandtuch stürzen und in der Mitte des Weinchadeaus platzieren. Mit Puderzucker und Minze garnieren. Rasch servieren.

Crème brûlée mit Rosmarin

Diese Menge ergibt 4 Portionen als alleiniges Dessert.

Die Crème brûleé kann mit Vanille, Rosmarin, Lavendel, Zitronen-gras, Ingwer oder Tonkabohne parfümiert werden.

1

1/4 l Milch
1/4 l Sahne
ca. 30 g frische Rosmarin-zweige
70 g Zucker
2 Eier
2 Eigelb

Milch und Sahne lauwarm erwärmen. Rosmarin zugeben und 20 Min. ziehen lassen. Zucker, Eier und Eigelb mit einem Schneebesen gut vermengen. Danach alles durch ein Sieb gießen. Flache Formen ca. 3 cm hoch füllen und im vorgeheizten Backofen im Wasserbad bei ca. 100 °C ca. 50 Min. pochieren. Herausnehmen und ca. 2 Stunden in den Kühlschrank stellen.

2

Fertigstellen
Kristallzucker
Minze

Kurz vor dem Servieren die Crème brûlée mit Kristallzucker bestreuen und mit einem Bunsenbrenner oder Hand-Gasbrenner karamellisieren. Mit Minze garnieren.

Vanilleeis mit Sesamkrokant

Diese Menge ergibt 4 Portionen als alleiniges Dessert.

Krokant können Sie auch mit Nüssen anstelle des Sesams wie
angeführt zubereiten. Rasch nach dem Erhitzen weiterverarbeiten,
da er sehr schnell aushärtet.

1

120 g Kristallzucker
100 g Sesamkerne

Den Zucker in eine breite Pfanne geben und karamellisieren. Die
Sesamkerne in den gebräunten Zucker einstreuen und rasch mit einem
geölten Löffel auf ein geöltes Blech oder eine geölte Marmorplatte
dünn aufstreichen. Achtung: Die Masse ist sehr, sehr heiß und wird sehr
schnell hart. Ausgekühlt mit einem schweren Messer fein hacken.

2

Anrichten
Vanilleeis
2 EL Sesamkrokant

Das Vanilleeis zur Hälfe in ein Glasgefäß füllen. Den gehackten
Krokant darübergeben und mit Vanilleeis bedecken.

Käseteller mit Pflaumenchutney

Ob heimische oder internationale Käsesorten – sie werden nach der Geschmacksintensität aufgereiht und verzehrt, genauso wie bei der Menü- oder Getränke-Reihenfolge: leicht vor schwer, mild vor kräftig. Würde z. B. ein Blauschimmelkäse vor einem Brie gegessen, so ginge der Geschmack des Brie vollständig unter. Wenn Sie fünf Käsesorten als fünften Gang servieren, benötigen Sie pro Käsesorte ca. 100 g für 4 Personen. Zur Zubereitung des Pflaumenchutneys siehe Seite 114.

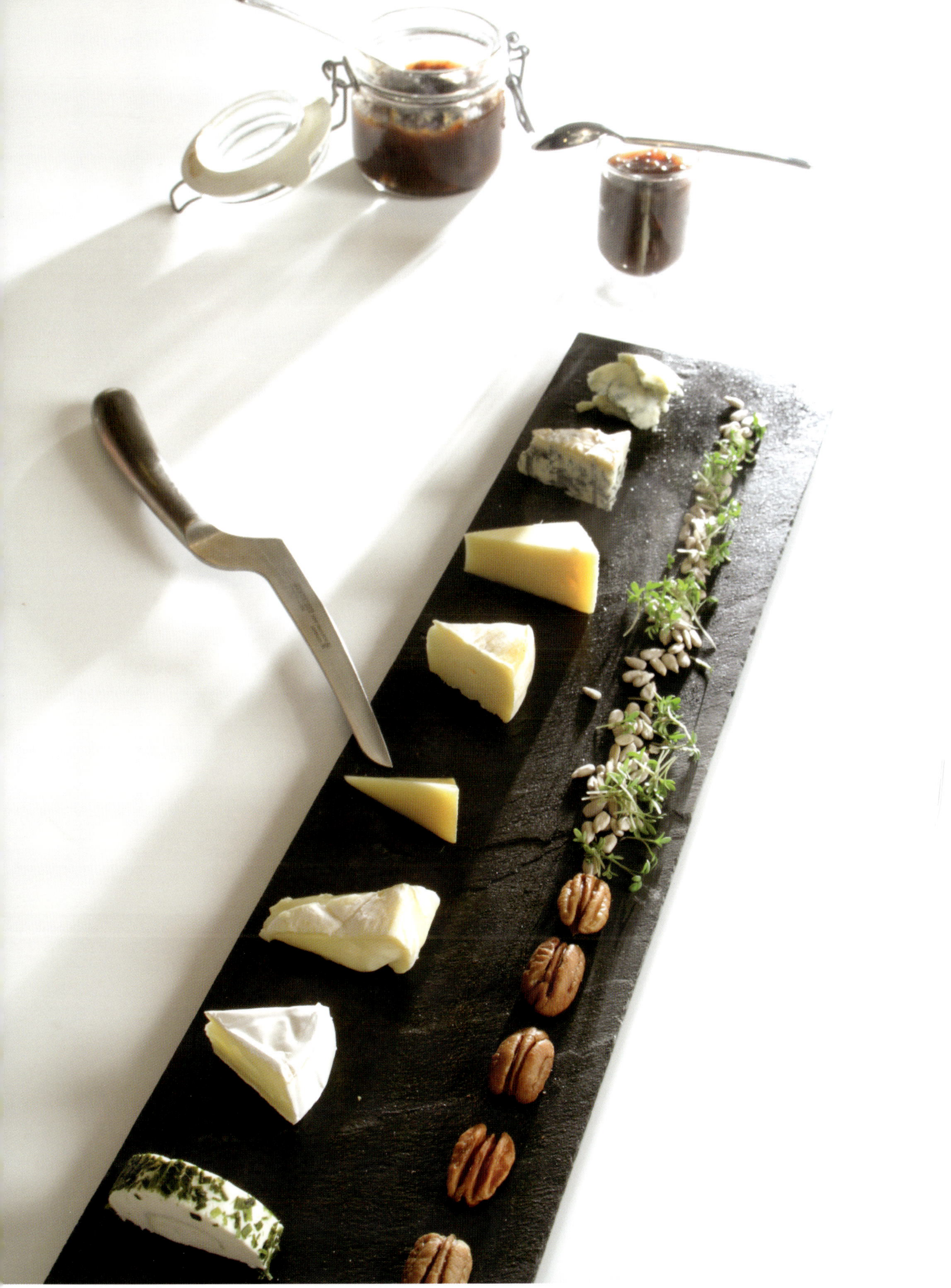

Glossar

A

Abschmecken
Speisen vor dem Fertigkochen oder Anrichten kosten und, falls nötig, mit Gewürzen und Kräutern verfeinern.

Abschrecken
Heiße Lebensmittel mit Eiswasser schnell abkühlen.

Blanchieren
Lebensmittel sehr kurz in kochendes Wasser eintauchen.

F

Fond
Flüssigkeit, die beim Garen von Fleisch, Fisch, Krustentieren und Gemüse entsteht und als Grundlage für die Herstellung von Suppen und Soßen dient.

Frittieren
Garen von in heißem Fett schwimmenden Lebensmitteln.

K

Karamellisieren
Zucker stark erhitzen, so dass dieser sich in Karamell verwandelt.

Karkassen
Knochen, Gräten, Panzer meist kleinerer Tiere wie Geflügel, Fische und Schalentiere, die ausgelöst und weiterverarbeitet werden für Suppen und Soßen.

Knickpalette
Küchenwerkzeug zum Glattstreichen von Massen sowie zum Herausheben und Wenden von Speisen, vor allem aus höheren Töpfen und Pfannen.

Köcheln
Auf kleiner Flamme leicht kochen, so dass kleine Bläschen aufsteigen.

M

Montieren
Das Aufschlagen einer Masse mit dem Schneebesen nach dem Hinzufügen von kalter Butter; die Masse wird dadurch leicht und cremig.

N

Nappieren
Gemüse oder Fleisch mit einer Soße überziehen.

Noilly Prat	Französischer, trockener Wermut; gilt als aromatischer als andere Wermutweine.

P

Parfümieren	Eine Speise ein wenig mit intensiven Geschmacksnoten würzen.
Parieren	Das Zuschneiden von Fleisch und Fisch.
Parüren	Fleischabschnitte ohne Fett, die beim Parieren entstehen und für Fonds und Soßen weiterverarbeitet werden .
Passieren	Flüssigkeiten oder Massen durch ein sehr feines Sieb streichen.
Pochieren	Lebensmittel in heißem, aber nicht kochendem Wasser garen.
Pürieren	Lebensmittel zerkleinern, meist mit einem Pürierstab.
Reduzieren	Das Einkochen von Flüssigkeiten; dabei verdunstet Wasser, Extrakte bleiben erhalten. Die Flüssigkeit wird dadurch weniger, dicker und geschmacksintensiver.

R
S
T
U
Z

Reduktion	Ergebnis des Reduzierens.
Sautieren	Kurzes Braten von dünn geschnittenem Gargut bei starker Hitze.
Tourniermesser	Kleines Küchenmesser mit gebogener Klinge zum Schälen von Obst und Gemüse.
Unterheben	Vorsichtig etwas mit einer Masse verbinden, ohne zu rühren.
Zestenreißer	Küchenwerkzeug zum Abtrennen von Zesten, also von feinen Streifen aus der Schale von Zitrusfrüchten oder Gemüse.

Vielen Dank für die Unterstützung und Ihr Vertrauen!

Dieses Buch wäre ohne die Mithilfe und den persönlichen Einsatz vieler Menschen nicht möglich gewesen. Für ihre Unterstützung und ihr Vertrauen danke ich:

Dr. Christina Brede, Andrea Dengg, Roland Ebner, Martin Ecker, Stefanie Hanfstingel, Hannes Harkamp, Martin Hinterleitner, Ulrike Hofer, Monika Kalayova, Georg Kostasch, Roswitha Lindinger, Wolfi Maitz, Verena Michelitsch, Anna-Maria Muchitsch, Georg Poguntke, Stefan Potzinger, Willi Pichler, Mag. Sabine Raab, Dr. Johannes Sachslehner, Karl Schartel, Dr. Christian Schwarz, Maximilian Schwarzmann, Gerhard Spuller, Ing. Josef Stindl, Jessica Suermann, Hannes Trummer.

www.michaelschwarzmann.at

Fotoaufnahmen bei: Ligne Roset, Miele Center Ebner & Spuller/Graz, Miele Center Fasching/Graz.

Impressum

Idee, Konzept, Texte, Rezepte, Vorproduktion, Koordination & Organisation: Michael Schwarzmann
www.michaelschwarzmann.at
Den Bogen vom Wein zur Speise haben die Winzer Hannes Harkamp und
Wolfgang Maitz mitgespannt. www.harkamp.at | www.maitz.co.at
Josef Stindl, Leiter der Schärdinger Käseakademie, hat das Thema Käse
aufbereitet. www.schaerdinger.at

Lektorat: Christina Brede

Buchgestaltung: Verena Michelitsch | www.verenamichelitsch.at

Fotografie: Anna-Maria Muchitsch | www.fotostudioehrlich.at

Dekoration: Monika Kalayova | www.wunschdeko.at

Druck und Bindung: Druckerei Theiss GmbH, St. Stefan im Lavanttal

© 2010 by Pichler Verlag in der Verlagsgruppe Styria GmbH & Co KG
Wien · Graz · Klagenfurt
Alle Rechte vorbehalten
www.ichlese.at

Alle Rechte, auch die des auszugsweisen Abdrucks oder der Reproduktion einer Ab-
bildung, sind vorbehalten. Das Buch ist urheberrechtlich geschützt. Jede Verwertung
ohne Zustimmung des Autors und Verlages ist unzulässig. Dies gilt insbesondere für
Vervielfältigungen, Übersetzungen, Mikroverfilmungen und die Einspeicherung und
Verarbeitung in elektronischen Systemen.

ISBN 978-3-85431-528-5

Bezugsquellen

Seite 125	Siehe dort.
Seite 130	Glasteller, Holzschale, Steinvasen, Käseglocke: Interio, Gläser „Denk Art": Zalto
Seite 137	Glasteller, Holzschale: Interio; Besteck „Loft": WMF
Seite 138	Gläser „Denk Art": Zalto; Geschirr, Besteck „Loft": WMF
Seite 141	Gläser „Denk Art": Zalto; Geschirr, Besteck „Loft": WMF
Seite 142	Gläser „Denk Art": Zalto; Geschirr, Besteck „Loft": WMF
Seite 145	Porzellan „Anmut": Villeroy & Boch
Seite 146	Porzellan „Anmut": Villeroy & Boch
Seite 147	Porzellan „Anmut": Villeroy & Boch; Bräter: WMF
Seite 149	Porzellan „Anmut": Villeroy & Boch
Seite 150	Porzellan „Anmut": Villaroy & Boch
Seite 153	Gläser „Denk Art": Zalto
Seite 154	Holzschneidebrett, Messer „Grand Gourmet", Frischhaltebox, Bräter und Pinzette: WMF
Seite 157	Porzellan „Urban Nature": Villeroy & Boch
Seite 159	Glas „Halfmoon": Bloomix
Seite 160	Käseglocke, Kerzenständer und Steinplatte: Interio
Seite 167	Porzellan „Urban Nature": Villeroy & Boch
Seite 162	Glasschale „Pure": Ligne Roset; Porzellan „Urban Nature": Villeroy & Boch; Wasserkaraffe: Bloomix; Pfeffermühle, Besteck „Loft": WMF
Seite 165	Siehe dort.
Seite 179	Gläser „Denk Art": Zalto; Geschirr, Besteck „Loft": WMF
Seite 180	Gläser „Denk Art": Zalto; Geschirr, Besteck „Loft": WMF
Seite 183	Gläser „Denk Art": Zalto; Geschirr, Besteck „Loft": WMF
Seite 184/185	Porzellan „Urban Nature": Villeroy & Boch ; Dessertanrichtering: WMF
Seite 186/187	Porzellan „Urban Nature": Villeroy & Boch; Glas „Gizeh": Bloomix
Seite 188	Kugelvase „Brown Strip": Interio; Porzellan „Anmut": Villeroy & Boch; Gläser „Denk Art": Zalto; Steinplatten, Brotkorb: Interio; Milchausgießer, Zuckerschale, Besteck „Loft": WMF
Seite 189	Porzellan „Urban Nature", „Traverse": Villeroy & Boch
Seite 191	Porzellan „Urban Nature": Villeroy & Boch
Seite 192	Porzellan „Urban Nature": Villeroy & Boch; Küchenequipment: WMF
Seite 194	Porzellan „Urban Nature": Villeroy & Boch; Sekt-/Cocktailglas: Bloomix; Glasschale „Pure": Ligne Roset; Besteck „Sonic": WMF
Seite 201	Porzellan „Urban Nature": Villeroy & Boch
Seite 202	Porzellan „Urban Nature" und Mokkatasse „Anmut": Villeroy & Boch; Sektglas: Bloomix
Seite 204	Porzellan „Urban Nature", „Traverse": Villeroy & Boch
Seite 205	Porzellan „Urban Nature", „Traverse": Villeroy & Boch
Seite 206	Glas „Gizeh": Bloomix
Seite 207	Steinplatte: Interio; Glas „Gizeh": Bloomix; Käsemesser, Kaffeelöffel „Sonic": WMF

Gemeinsam mit Kochbuch-Bestsellerautor Christoph Wagner präsentiert Heinz Hanner in diesem profunden Kompendium der gehobenen Küche erlesene Gerichte aus heimischen Spitzenprodukten, Rezepte und Techniken, die jeder braucht, der anspruchsvoll kochen und besser essen möchte.

Heinz Hanner · Christoph Wagner
DIE FEINE KÜCHE
Erlesene Rezepte aus heimischen Spitzenprodukten

240 Seiten, 17 x 24 cm
Hardcover mit SU, durchgehend Farbe

€ 24,95 · ISBN: 978-3-85431-505-6

P. Pichler Verlag

Im ersten Teil zeigen die Autoren, wie man so genannte Basics richtig mit dem Dampfgarer kocht, also etwa Reis, Kartoffeln oder Knödel. Im zweiten Teil, der sowohl für Anfänger als auch für Fortgeschrittene geeignet ist, machen ausgeklügelte Rezepte Lust darauf, Suppen, Soufflés, Hauptgerichte und auch Desserts auszuprobieren.

Susanne Kuttnig-Urbanz · Friedrich Pinteritsch
DAS EINMALEINS DES DAMPFGARENS
Schonende Zubereitung · Leichter Genuss

160 Seiten, 22 x 22 cm
Hardcover mit SU, durchgehend Farbe

€ 19,95 · ISBN: 978-3-85431-527-8

P. Pichler Verlag